Freud
&
a filosofia

Coleção **PASSO-A-PASSO**

CIÊNCIAS SOCIAIS PASSO-A-PASSO
Direção: Celso Castro

FILOSOFIA PASSO-A-PASSO
Direção: Denis L. Rosenfield

PSICANÁLISE PASSO-A-PASSO
Direção: Marco Antonio Coutinho Jorge

Ver lista de títulos no final do volume

Joel Birman

Freud & a filosofia

ZAHAR

Jorge Zahar Editor Ltda.
rua Marquês de S. Vicente 99 – 1º | 22451-041 Rio de Janeiro, RJ
tel (21) 2529-4750 | fax (21) 2529-4787
editora@zahar.com.br | www.zahar.com.br

Composição eletrônica: TopTextos Edições Gráficas Ltda.

Capa: Sérgio Campante

CIP-Brasil. Catalogação-na-fonte
Sindicato Nacional dos Editores de Livros, RJ.

Birman, Joel, 1946-
B521f Freud & a filosofia / Joel Birman. — Rio de Janeiro: Jorge Zahar Ed., 2003

(Passo-a-passo; 27)

ISBN 978-85-7110-741-0

1. Freud, Sigmund, 1856-1939. 2. Psicanálise e filosofia. I. Título. II. Série.

03-1760 CDD 150.1952
CDU 159.964.2

Sumário

Introdução

A finalidade deste livro é a de delinear a constituição e o desenvolvimento teóricos do pensamento freudiano, naquilo que este colocou como questões para o discurso filosófico, desde a fundação da psicanálise, na passagem do século XIX para o século XX. Com a construção desta, Freud circunscreveu algumas *problemáticas* teóricas que foram cruciais para a filosofia, que respondeu devidamente a isso. Efetivamente, com críticas e objeções, mas também com reconhecimento pela pertinência das problemáticas que foram esboçadas, a filosofia estabeleceu um diálogo franco com a psicanálise. Essa *interlocução* bastante viva entre psicanálise e filosofia atravessou a totalidade do século passado, de maneira a tecer uma verdadeira história entre as duas disciplinas. A psicanálise acabou por incorporar uma série de ponderações críticas formuladas pela filosofia, da mesma forma que esta também inscreveu, no seu corpo teórico, uma série de questões enunciadas pela psicanálise. Aconteceu, enfim, um rico processo de interpelação recíproca, que fertilizou ambas as disciplinas, por caminhos quase sempre inesperados e marcados por surpresas instigantes.

A incidência da psicanálise no discurso filosófico interpelou este numa tradição teórica muito especial, a qual se centrava fundamentalmente na concepção de *sujeito*. Com efeito, a filosofia do sujeito foi questionada pela psicanálise de maneira precisa, na medida em que para ela o sujeito estaria sempre inscrito no campo da consciência e se enunciava no registro do eu, enquanto a psicanálise formulou o *descentramento* do sujeito em ambos os registros citados. Foi tal problemática que delineou a interlocução entre psicanálise e filosofia e de onde se derivaram em cascata todas as demais problemáticas teóricas que formalizaram essa interlocução.

Por isso mesmo, o que estará aqui presente é a constituição dessa problemática. E pelo viés agudo dessa interlocução que se esboça este ensaio introdutório ao pensamento de Freud. O que implica dizer que este pensamento foi recortado neste contexto específico, com a finalidade de sublinhar as torções e retorções estabelecidas por este diálogo.

Interlocução com a filosofia

Freud não era um filósofo. Esta é a primeira afirmação a ser feita aqui. Nunca pretendeu tampouco que com a constituição da psicanálise, estivesse formulando algo que pudesse aproximá-lo efetivamente do trabalho filosófico. Por isso mesmo, pode parecer estranho que o seu discurso teórico se inscreva aqui, numa coleção dedicada a autores de referência da tradição filosófica.

Por que Freud aqui, afinal das contas? Um ruído se introduz então, bruscamente, na medida em que ele não construiu efetivamente uma filosofia. Além disso, manifestava em geral uma certa ojeriza ao discurso filosófico, como foi enunciado literalmente em alguns textos.

Com efeito, num ensaio tardio sobre a visão de mundo, de 1932, inserido nas *Novas conferências introdutórias sobre a psicanálise*, Freud opôs a psicanálise à filosofia, dizendo que a primeira não era absolutamente uma *Weltanschaung* como pretendia ser a segunda. Isso porque, pelos procedimentos presentes no discurso científico, a psicanálise se voltaria para a pesquisa de objetos circunscritos, enquanto a filosofia pretendera captar sempre a totalidade do ser e do real. Concepção discutível do discurso filosófico, pode-se certamente dizer sobre isso, mas era a que Freud supunha ser no fechamento crítico de seu percurso teórico. Uma leitura radical, portanto, da filosofia e de sua diferença absoluta com a psicanálise foi enunciada então por Freud, permeada pela oposição aguda entre os discursos de ciência e da filosofia.

Seria apenas esta a concepção de filosofia presente no discurso de Freud, para diferenciá-la devidamente da psicanálise? Certamente não é. Assim, em *Totem e Tabu*, publicado em 1913, ele construiu uma comparação entre diferentes formações culturais e diversas formações sintomáticas. O que nos dizia sobre isso? Se a histeria era quase uma obra de arte e a neurose obsessiva quase uma religião, a filosofia seria então quase um delírio paranóico. É preciso destacar logo que Freud não afirmou absolutamente a identidade essencial existente entre essas formações discursivas e as diversas patologias psíquicas, mas se valeu sempre da palavra *quase*. O que implica dizer que formulou que a histeria se assemelharia a uma obra de arte, da mesma forma que a religião e a filosofia se pareceriam bastante com as discursividades obsessiva e paranóide. Ou seja, o discurso freudiano enunciou que essas diferentes modalidades psicopatológicas de discurso *poderiam* efetivamente ser como essas diversas formações discursivas existentes na cultura, *caso* as subjetividades implicadas na sua produção tivessem a possibilidade de empreender a sublimação das pulsões sexuais e realizar então obras de cultura. Existiria sempre um processo sublimatório presente nas diferentes formações culturais, mas que não estaria em ação nas ditas situações psicopatológicas.

Porém, mesmo considerando essas ponderações críticas, a similaridade estrutural e as formas de funcionamento psíquico implicadas nessas formações de cultura e nas formações psicopatológicas se enunciaram com toda a eloqüência. Com efeito, Freud formulou que existiria um *estilo* de ser similar entre a exibição sedutora presente na histeria e a obra de arte, assim como entre as cavilações culposas presentes nas obsessões e nos sistemas religiosos, da mesma maneira que a ordenação lógica perfeita, mas fundada numa base falsa presente nos delírios paranóicos, seria próxima da forma filosófica de discursividade. Pode-se depreender disso, portanto, que Freud mantém sempre o discurso filosófico sob certa *suspeita*, estando sempre com um pé atrás em relação a ele, na medida em que a sistematicidade da argumentação lógica naquele presente não se apoiaria num ponto de partida incontestável, que seria duvidoso quanto à sua veracidade.

Foi por isso mesmo, aliás, que voltou à questão logo depois, em 1915, no ensaio "O inconsciente". Procurando diferençar agora entre a neurose e a psicose, afirmou que na primeira existiria uma articulação precisa entre representação-coisa e representação-palavra, enquanto na segunda a subjetividade deslizaria sempre no vazio da representação-palavra. Portanto, Freud acabou por concluir, de maneira surpreendente, aliás, que a esquizofrenia funcionaria como a filosofia. Tanto nesta como naquela o discurso se teceria apenas em torno de palavras, sem se preocupar nunca com o registro das coisas. Assim, o delírio e o discurso filosófico funcionariam de maneira similar, pois em ambos a subjetividade manejaria sempre as palavras como se fossem coisas, não tendo, então, a devida exigência de submeter o discurso ao imperativo do teste da realidade. O que é uma forma de dizer, enfim, que o discurso filosófico não passaria de um delírio sistematizado, de características paranóides.

Não foi apenas isso que Freud falou da filosofia, e nem sempre assim. Existiram também outros contextos de sua obra, com efeito, nos quais se referiu à filosofia de maneira respeitosa e até mesmo bem mais próximo daquilo que se fazia em psicanálise. Pode-se então contrapor essa perspectiva posterior francamente crítica de Freud em relação à filosofia ao que teria dito no início de seu percurso sobre esta. Isso pode nos evidenciar um giro de cento e oitenta graus na sua relação com a filosofia. O contexto dessa evidência é a sua correspondência com Fliess nos últimos anos do século XIX.

Fliess era um otorrinolaringologista que morava em Berlim, e a quem Freud atribuía uma elevada respeitabilidade científica. Por isso mesmo, compartilhava com ele as suas primeiras concepções psicanalíticas, esperando o seu reconhecimento teórico. Pois bem, o que disse Freud para Fliess sobre a filosofia, no momento crucial de invenção da psicanálise? De maneira curta e grossa Freud afirmou que estava finalmente realizando o seu desejo de ser um filósofo com a invenção da psicanálise. Ao lado disso, enunciou ainda, para o espanto dos leitores, que nunca tivera talento para a terapêutica, apesar de sua atividade médica. Espanto relativo, seguramente. Isso porque Freud teve uma formação inicial como pesquisador em anatomia do sistema nervoso, a qual teve de abandonar por falta de recursos financeiros, dedicando-se então à clínica neurológica. Portanto, no contexto de constituição da psicanálise, Freud aproximava esta da filosofia e a afastava da medicina. Enfim, a psicanálise nada tinha a ver com a prática médica e não tinha qualquer pretensão terapêutica, estando bem mais próxima da filosofia.

Pode-se enunciar, assim, que nas pontas extremas de seu percurso teórico Freud não apenas manifestou juízos diferentes e opostos sobre a filosofia, como também realizou operações contrapostas, de franca aproximação e de absoluto distanciamento, entre psicanálise e filosofia. É preciso reconhecer que o que estava em questão para Freud, nessas diferentes conjunturas, não era certamente a mesma coisa.

Portanto, é preciso distinguir devidamente o que estava em pauta para ele nesses diferentes contextos. Além disso, deve-se considerar ainda quais eram as diversas concepções de filosofia enunciadas por Freud, nesses diferentes momentos.

Desta maneira, existe uma interlocução latente da psicanálise com a filosofia que perpassa a totalidade do discurso freudiano. Essa interlocução evidencia não apenas as diferentes concepções de Freud sobre o que seja efetivamente a filosofia, mas também como ele diferenciava a psicanálise da filosofia, nos seus diversos momentos teóricos. As oscilações entre a atração fatal e a ojeriza temperaram sempre o estilo de Freud na sua leitura teórica disso. A filosofia como discurso permeia então o horizonte teórico do pensamento freudiano, como uma miragem em filigrana que Freud deve sempre se demarcar de maneira pontual.

A fundação da psicanálise como saber é o que estará sempre em pauta no campo tenso dessa interlocução, estando Freud constantemente impulsionado por razões epistemológicas, nas suas diferentes tomadas de posição no que concerne a filosofia. Com efeito, nas diferentes formulações de Freud sobre a filosofia houve sempre o esforço continuamente renovado para delinear tanto o fundamento como as fronteiras da psicanálise. A legitimidade da psicanálise como saber é o que estará aqui sempre em questão, nas aproximações e distanciamentos abruptos esboçados pelo discurso freudiano com a filosofia. Foi por isso que aludi à noção de fronteira, que remete necessariamente para a de *território*, na medida em que a fundamentação epistemológica referida não é alheia à noção de soberania, no sentido político do termo.

Podemos nos indagar ainda, contudo, se tais fronteiras do território psicanalítico não seriam basicamente móveis e sempre em processo de deslocamento, marcadas pela porosidade. Dessa maneira, a imagem da *borda*, caracterizada pelas imagens da fluidez, mobilidade e porosidade de suas linhas de força, seria bem mais adequada que a de fronteira compacta para descrever o território de legitimidade teórica da psicanálise. Por esse viés, portanto, poder-se-ia ter aqui uma perspectiva mais perscrutadora para empreender as contraditórias e paradoxais leituras de Freud sobre a filosofia.

No entanto, as intenções epistemológicas do pensamento freudiano, voltadas para a fundação da psicanálise, não esgotam as relações deste com a filosofia. Isso porque é preciso evocar ainda o campo de *recepção* daquela por esta, a qual faz parte também da problemática dessa interlocução crítica, inclusive em seu campo histórico. Com efeito, a filosofia leu o discurso freudiano de diferentes maneiras, em contextos teóricos e históricos diversos. É preciso, pois, dar lugar a isso também, nem que seja de maneira esquemática e alusiva, pois se constituiu uma história de recepção da psicanálise pela filosofia.

Porém, para que tudo isso se empreenda devidamente, é preciso indicar previamente a direção metodológica que me orientou nessa empreitada. Assim, o discurso freudiano será aqui considerado nas suas proposições teóricas que formam um conjunto articulado de enunciados. É isso que o constitui como um discurso propriamente dito. Evidentemente, Freud formulou vários discursos ao longo de sua obra, submetidos que foram os enunciados conceituais a regras e a contextos teóricos diferentes. A obra em questão foi sendo constituída como um processo sempre recomeçado. Daí a pertinência da imagem da borda, para se referir ao território da psicanálise. Pode-se falar em *discursos*, no plural e não no singular, para se referir ao pensamento freudiano. Dito isso, no entanto, é preciso privilegiar os diversos conjuntos discursivos que foram forjados nesse percurso. Vale dizer, o discurso freudiano enunciou uma série de pressupostos e teses sobre a subjetividade, construindo então leituras sobre o psiquismo. Dessas formulações decorreu uma série de conseqüências e desdobramentos teóricos imprevisíveis no horizonte de Freud. Tudo isso se evidenciou na *recepção* do pensamento freudiano, constituindo uma história desta. Foi pela consideração disso, portanto, que a comunidade filosófica se manifestou em relação à psicanálise.

E foi também justamente para tratar disso que este livro foi escrito. Assim, é preciso justificar teoricamente a importância e a presença do pensamento freudiano no campo do discurso filosófico. Isso porque aquele não pode se inscrever neste por uma razão da ordem do fato, mas apenas da ordem do direito, para me valer de uma célebre oposição enunciada por Kant. Ou seja, Freud não era de fato um filósofo, mas acabou por constituir a psicanálise como um novo campo do saber, que formulou novos pressupostos sobre a subjetividade. Seu pensamento liga-se diretamente ao filosófico pela problemática que a psicanálise colocou para a filosofia.

Qual foi a problemática que a construção do discurso psicanalítico colocou para a filosofia e em que sua invenção teórica interpelou a filosofia efetivamente? Estas são as únicas questões de direito que podem ser legitimamente reivindicadas aqui, tendo, pois, alguma pertinência teórica. Dessa maneira, qualquer outra questão, por mais instigante que seja, deve ser aqui considerada como secundária e até mesmo como irrelevante.

Assim, se um dos fios de prumo deste percurso é o de procurar destacar os efeitos da filosofia sobre a psicanálise, o outro será o de sublinhar a importância que assumiu o discurso freudiano para a filosofia, isto é, quais foram os seus *efeitos* no campo desta. O que implica afirmar que estamos aqui face a uma pluralidade de efeitos que o discurso freudiano disseminou sobre o campo da filosofia, provocando geralmente estranheza, quando não franca discórdia. Porém, a harmonia, a incorporação e a ressonância positiva também aconteceram no contexto teórico de algumas retóricas filosóficas.

Para percorrer esquematicamente, então, as diferentes direções acima consideradas e costurar os seus fios num bordado que seja consistente, vamos começar por alinhavar a fundação teórica da psicanálise como saber, esboçando as rupturas conceituais realizadas por Freud com a neuropatologia e a psicologia da segunda metade do século XIX. Perfila-se já aqui a interlocução da psicanálise com a filosofia, na medida em que tanto a neuropatologia quanto a psicologia daquele momento se inscreviam em certos pressupostos filosóficos.

Negatividade e inadequação

A invenção da psicanálise como saber se realizou pela formulação da existência do inconsciente, como um outro registro psíquico, além da consciência. Foi esta descoberta, empreendida por Freud, que teve a potencialidade teórica de subverter os saberes sobre o psiquismo então instituídos: a psiquiatria e a psicologia.

A psiquiatria, como saber voltado para a elucidação e o tratamento das perturbações mentais, era um discurso então bastante recente, constituído que foi na passagem do século XVIII para o século XIX, com o advento da Revolução Francesa. Esta foi a tese formulada por Foucault, na já famosa *História da loucura*. A instituição do asilo como lugar designado para o cuidado dos loucos foi a positivação social da psiquiatria. Isso porque essa nova institucionalidade para a loucura rompeu decididamente com o Hospital Geral, estabelecido no Antigo Regime, no século XVII, no qual loucos, criminosos, indigentes e toda a escória dos demais excluídos do campo social eram confusamente misturados num mesmo espaço. Nesse contexto, a psiquiatria considerou os loucos como doentes mentais, portadores que seriam de uma enfermidade, tanto quanto qualquer outra, aliás, descrita pela medicina somática. A psiquiatria, portanto, reivindicava os seus direitos de ser uma especialidade médica.

Contudo, os problemas que se colocavam para a psiquiatria começavam justamente aqui, na medida em que a sua legitimidade médica era discutível. Isso porque era teoricamente impossível inscrever a alienação mental nos cânones da medicina, já que a psiquiatria não conseguia defini-la de acordo com os recentes critérios postulados pela medicina somática. Esta foi estabelecida como clínica na passagem do século XVIII para o século XIX, fundando-se na racionalidade anátomo-clínica, enunciada por Foucault no *Nascimento da clínica.* Segundo essa racionalidade, as enfermidades se materializariam sempre por uma lesão anatômica a qual explicaria os diferentes sintomas presentes nas diversas doenças somáticas, mesmo que estas pudessem ter causas diferentes e múltiplas.

O que se colocou como um real impasse teórico para a psiquiatria foi a sua impossibilidade de inscrever a alienação mental nessa exigência epistemológica, de forma a se legitimar como uma especialidade médica. Isso porque o corpo anatômico dos ditos alienados se mostrava silencioso em relação à questão, não evidenciando qualquer lesão capaz de justificar a pretensão médica da psiquiatria. Com efeito, os cérebros dos supostos doentes, definido pela psiquiatria como sendo o órgão onde as lesões deveriam ocorrer, não indicavam absolutamente sinais das mesmas. Como legitimar então que fosse uma enfermidade?

Essa impossibilidade debilitava a posição teórica dos autores que sustentavam uma leitura somática da alienação mental e reforçava a daqueles que formulavam uma leitura moral para esta. Com efeito, se os loucos tinham perdido decididamente a razão, estando isso, pois, no fundamento da enfermidade mental, tal fato não se deveria, contudo, a uma lesão somática, mas a uma transformação de ordem moral. Esquirol, que ao lado de Pinel foi um dos fundadores da psiquiatria, enunciou que as paixões excessivas estariam no fundamento dessa alienação. Por isso mesmo, o tratamento moral era aquilo que a comunidade psiquiátrica se propunha efetivamente a realizar para promover a desalienação mental. A internação dos alienados seria, enfim, o ato inaugural do tratamento moral.

Entretanto, no momento de sua fundação, a psiquiatria formulou efetivamente a possibilidade teórica da cura da alienação mental, não obstante os seus impasses de se legitimar como um discurso médico. Foi em nome disso que os loucos foram retirados da promiscuidade existente nos Hospitais Gerais e inseridos nos asilos. A produção da desalienação mental era a finalidade a ser alcançada pelo dito tratamento moral, na medida em que a loucura passou então a ser efetivamente concebida como doença mental.

Essa postura teórica da psiquiatria a diferenciava daquela existente no Antigo Regime, no qual se dizia que a perda da razão era incontornável, isto é, uma vez perdida a razão permanecer-se-ia assim eternamente. O modelo teórico da perda da razão era então o da *demência*, na qual existiria a perda total e absoluta das faculdades intelectuais. Contudo, com a constituição da psiquiatria, o modelo teórico da perturbação da razão era evidenciado agora pelo delírio, sendo, pois, a alienação o paradigma da loucura.

Esses diferentes momentos da história da loucura tiveram ressonâncias significativas no discurso filosófico. Pode-se reconhecer em Kant a leitura da loucura como perda irreversível da razão, caucionando a interpretação vigente no Antigo Regime. Em contrapartida, Hegel aplaude o então jovem saber psiquiátrico, justamente porque sustentava que a curabilidade da loucura seria possível, na medida em que esta não se fundaria mais na perda da razão, mas apenas na sua alienação. Com efeito, na *Enciclopédia das ciências filosóficas*, Hegel identificou o seu projeto teórico com o da psiquiatria, justamente porque a alienação mental não seria uma perda da razão, mas uma transformação possível dessa, inscrevendo-se, portanto, de maneira constitutiva, no próprio campo da racionalidade por aquele delineada. A loucura então, como alienação mental, indicaria uma parada do movimento dialético do espírito, sendo a terapêutica daquela a condição de possibilidade para a retomada do movimento que fora paralisado. Pode-se dizer, enfim, que as ditas paixões excessivas, aludidas por Esquirol, estariam no fundamento da estagnação do tal movimento dialético, cuja conseqüência crucial seria a produção do delírio e da alienação mental.

Entretanto, o discurso psiquiátrico se deslocou do lugar estratégico que ocupava no momento de sua fundação, na segunda metade do século XIX, tendo progressivamente se afastado e se descartado da causalidade moral, assim como do seu correlato, qual seja a aposta na transformação da alienação mental. Com efeito, as hipóteses biológicas passaram a ocupar então uma posição cada vez mais dominante na psiquiatria, principalmente sob a forma das teorias da *hereditariedade* e da *degenerescência*, de forma a colocar cada vez mais num plano subalterno qualquer perspectiva terapêutica. A causalidade somática, articulada numa concepção mais vasta sobre os impasses presentes na civilização moderna, acabou por sobrepujar qualquer veleidade teórica sobre a causalidade moral no campo da loucura.

De qualquer forma, na leitura psiquiátrica, a alienação mental era estritamente considerada no registro da consciência, entre os teóricos que sustentavam para aquela uma causalidade moral. Para os somaticistas também o psiquismo estava restrito ao campo da consciência, de maneira que seria sempre nesta que incidiriam as alterações primordialmente cerebrais. Vale dizer, as perturbações psíquicas seriam aqui um simples epifenômeno daquilo que se produziria silenciosamente na estrutura cerebral.

Ao lado disso, a psicologia clássica, que se centrava no estudo das *faculdades mentais* — a sensação, a percepção, a atenção, a memória, a imaginação e o entendimento —, estava também referida à consciência. O psíquico, portanto, era completamente identificado com o ser da consciência, estando apenas nesta a sua verdade. A subjetividade estava fundada na consciência, e nela se inscreveria o eu. Era este o discurso psicológico dominante no século XIX, não obstante a então recente constituição da psicologia experimental, na Alemanha, a partir dos anos 1850.

No final do século XIX, portanto, a psicologia clássica tinha já uma longa história, iniciando-se com a filosofia de Descartes e tendo continuidade com a tradição cartesiana. Como se sabe, o *cogito* cartesiano — "penso, logo exito" — definiu a categoria de existência como estando essencialmente atrelada ao registro do pensamento. Estariam aqui o fundamento e a certeza da subjetividade. Em decorrência, a tradição da psicologia clássica nisso fundada se voltava sobretudo para a pesquisa do pensamento, de forma que o estudo das demais funções mentais era realizado com a finalidade de explicar a produção e a reprodução do entendimento. Pretendia-se, pois, explicitar não apenas como funcionava o pensamento, mas também enunciar quais seriam os seus pressupostos formais e materiais. Isso porque a certeza da existência do eu circulava sempre e apenas em torno do pensamento.

Neste contexto, a imaginação era constantemente considerada de maneira negativa, na medida em que não oferecia subsídios positivos para a elucidação do entendimento. Pelo contrário, aliás, pois os devaneios da imaginação afastavam a racionalidade do caminho reto do conhecimento. Assim, a pesquisa sobre os sonhos não tinha qualquer lugar no campo da psicologia clássica, já que não entreabria caminho algum para a compreensão do entendimento, como era o caso das funções da sensação, da percepção, da atenção e da memória. Vale dizer, a dita psicologia clássica se fundava num paradigma racionalista, voltando-se decididamente para o registro da cognição e para a efetiva produção do conhecimento.

Pode-se entrever, assim, os impasses que foram colocados tanto para a recente psiquiatria quanto para a psicologia clássica, ao se defrontarem com a experiência da loucura naquilo que ela revelava de mais fundamental — a existência de alucinações e delírios. Isso porque a formulação de critérios puramente cognitivos para descrevê-las servia apenas para enunciar tais formações psíquicas como pura *negatividade*. Com efeito, a alucinação era sempre caracterizada como uma modalidade de falsa percepção e o delírio, como sendo um juízo errôneo sobre a realidade. Seria isso o que fundaria a alienação mental, nas suas diversas modalidades de existência. Tudo isso caracterizaria o desvario da razão e a desordem profunda do entendimento.

Ou seja, a psiquiatria e a psicologia clássica, ao se restringirem aos registros da consciência, do eu e do pensamento para conceberem a subjetividade, ficaram reduzidas à oposição *verdadeiro/falso* para realizar a leitura das perturbações do espírito. Não existiria, portanto, qualquer *positividade* na experiência da loucura, mas apenas pura negatividade, isto é, nas alucinações e nos delírios a subjetividade nada dizia. Existiria aqui, pois, pura perda no desvario do espírito. Na experiência da loucura, enfim, a subjetividade não se expressaria sendo, pois, a mais decantada forma de errância do psiquismo.

Assim, a subjetividade era concebida como fundada apenas nos registros da consciência, do eu e do pensamento, pelos quais o critério da *adequação* do eu com os objetos do mundo era o único a ser destacado na leitura do psiquismo.

A categoria de *verdade* supunha essa adequação, de maneira que os pensamentos seriam julgados verdadeiros se ela existisse. Em decorrência disso, a alucinação seria sempre considerada como uma falsa percepção e o delírio não passaria de um juízo errôneo sobre um acontecimento qualquer. Enfim, para essas concepções teóricas não existiria qualquer verdade na experiência da loucura, sendo esta, pois, o grau zero da veracidade.

Isso tudo sem atentar evidentemente ao recente campo patológico das monomanias, descritas então pela psiquiatria, caracterizadas pela loucura parcial. Assim, como revela literalmente o próprio nome que os designa, os monomaníacos seriam pessoas normais em quase tudo, com a exceção de uma só dimensão de seu espírito, na qual manifestam todo o seu desvario. Nesse contexto, o critério de adequação do eu à realidade é bastante problemático para caracterizar tais perturbações, pois não é facil compreender bem como a subjetividade pode ser perfeitamente bem adaptada no que se refere a quase tudo, salvo num único ponto onde o desvario explode.

A invenção da psicanálise foi uma subversão no campo dos saberes sobre o psíquico, justamente porque articulou uma elegante solução teórica para os impasses então presentes, tanto na psiquiatria quanto na psicologia clássica. Ao formular o conceito de inconsciente, deslocou decisivamente o psiquismo dos registros da consciência e do eu. Os efeitos teóricos dessa invenção não foram imediatos, no entanto, exigindo um longo tempo de decantação no interior do discurso freudiano. É o que veremos agora.

Sentido e verdade

O gesto teórico realizado pelo discurso freudiano foi o de deslocar a problemática da loucura do registro da adequação, entre o eu e o objeto, para o da produção do *sentido*. Foi nessa inflexão que o enunciado do conceito de inconsciente pôde encontrar as suas devidas dimensões. Para isso, no entanto, o discurso freudiano teve que reconhecer os estritos limites dos registros do eu e da consciência no psiquismo. Como se construiu essa consistente hipótese de trabalho? Quais foram os caminhos trilhados pelo discurso freudiano para constituí-la?

Freud partiu da experiência clínica no campo da neuropatologia, daquilo que nessa se evidenciava como o seu impasse — a questão da histeria. Esta era enigmática justamente porque questionava a medicina no seu fundamento anátomo-clínico, pois apresentava uma série de sinais e sintomas que não podiam ser explicados pela anatomia patológica. Em decorrência disso, interpelava o discurso clínico, já que existiam nela sofrimento e sintomas corpóreos, mas sem a evidência de qualquer lesão anatômica. Em contrapartida, abalada de maneira frontal na sua certeza teórica, a medicina passou a caracterizar os histéricos como mentirosos e fabuladores que inventavam sintomas inexistentes. A histeria não passaria, assim, de simulação e de um amontoado de enganações. O histérico seria uma completa fraude, não enunciando então qualquer verdade nas suas queixas. Não obstante tudo isso, alguns neurologistas importantes se voltaram para a investigação da histeria, na segunda metade do século XIX. Procuravam, enfim, decifrar o seu enigma teórico.

Charcot, inicialmente. Célebre neuropatologista francês de quem Freud foi discípulo, Charcot se dedicou inteiramente à pesquisa da histeria no final do seu percurso científico após ter realizado o trabalho exaustivo de classificação das enfermidades neurológicas pelo viés da racionalidade anátomo-clínica. Porém, não a conseguiu inscrever no registro dessa racionalidade. Avançou muito em seu estudo, supondo que existiam traumas produzidos por acidentes ferroviários na etiologia da histeria. A utilização da hipnose lhe permitiu, além disso, reconhecer que existiam experiências psíquicas que não eram ditas em plena consciência, mas apenas no lusco-fusco de sua suspensão. No entanto, formulou que existiria na histeria uma lesão anatômica de ordem funcional e que no futuro as pesquisas biológicas iriam evidenciar a sua positividade. Charcot permaneceu, enfim, no registro da racionalidade anátomo-clínica, não obstante os seus avanços teóricos no que tange ao trauma e à hipnose.

Em contrapartida, Bernheim, um outro pesquisador da Suíça com quem Freud estabeleceu trocas científicas, supunha que a histeria seria sempre produzida pela sugestão e até mesmo pela auto-sugestão. Os histéricos seriam, portanto, seres sugestionáveis. Daí por que poderiam ser curáveis pela hipnose, na medida em que esta realizaria um trabalho de contra-sugestão.

Situado entre esses pólos teóricos, Freud realizou a crítica sistemática de ambos. Se não concordava com

Charcot no que se refere à lesão anátomo-funcional, não estava também de acordo com Bernheim no que tange à ausência de qualquer substrato para a sugestionabilidade na histeria. Com efeito, esse substrato se materializaria agora num *traço* psíquico, não tendo, pois, qualquer positividade anatômica. Porém, Freud aprendeu com eles, pela hipnose, que existia uma região psíquica que estava fora do campo da consciência e do controle do eu. Ao lado disso, a hipnose lhe ensinou a potência da *linguagem* na produção e na cura dos sintomas, desde que a fala pudesse circular entre duas figuras, na qual a primeira, o enfermo, investisse a segunda, o médico, de um poder terapêutico. Portanto, foi pela articulação estabelecida entre traço psíquico e linguagem, na qual estes se imantavam numa relação intersubjetiva permeada pelo afeto, que o conceito de inconsciente se constituiu.

Para costurar devidamente essa concepção, Freud contou ainda com um terceiro mestre que lhe entreabriu outras possibilidades teóricas. Aprendeu com Breuer que a histeria seria sempre produzida por uma alteração particular da consciência, denominada de estado hipnóide, o qual seria engendrado pela hipnose, mas também nas situações traumáticas. Nestas, com efeito, a dor psíquica disso decorrente conduziria a subjetividade ao estado hipnóide, do qual se seguiria sempre uma *divisão* da consciência, de onde se originariam infalivelmente todos os sintomas histéricos. Breuer enfrentou corajosamente, portanto, o espinhoso problema da divisão da consciência, assim como o das múltiplas personificações presentes na histeria, que estavam bastante em voga na segunda metade do século XIX, remetendo tudo isso para uma causalidade traumática.

Freud aderiu inicialmente à concepção do trauma, um corpo estranho no psiquismo enunciando que seria sempre produzido pelo *excesso* de excitação nele presente, em decorrência do fato de que o eu não teria respondido a algo que o teria ofendido. Conseqüentemente, o eu dividiria a consciência, pela qual uma das partes expulsaria a outra de seu território, como uma forma radical de proteção do eu, para que este não tivesse mais contato com aquilo que lhe ofendera. Contudo, aquilo que fora excluído retornava sempre, de maneira oblíqua, através de sintomas somáticos denominados de conversão. Isso evidenciaria a transformação de um sofrimento psíquico, supostamente mais perturbador, numa dor somática. Seria essa a maneira indireta de o eu se recordar do que lhe tinha acontecido. Por isso mesmo, Freud e Breuer enunciaram a fórmula canônica segundo a qual "os histéricos sofrem de reminiscências", que subverteu inteiramente a interpretação da histeria.

Foi nesse contexto ainda que ambos conceberam o método catártico para o tratamento da histeria. Cabia, assim, colocar o indivíduo novamente, sob hipnose, em contato ativo com o que vivera de penoso, para possibilitar então que pudesse responder devidamente ao que não pôde empreender no momento traumático. Com isso, o corpo estranho retornaria ao registro da consciência e o eu se unificaria novamente, revertendo a conversão estabelecida no registro somático e fazendo desaparecer então os sintomas.

Portanto, a rememoração possibilitaria ao eu se libertar definitivamente das reminiscências dolorosas. O tratamento catártico seria assim uma purgação de afetos, que permitiria a inclusão das reminiscências no registro da consciência, suspendendo então a sua divisão. A *Poética* de Aristóteles incidiu decididamente aqui sobre o discurso freudiano, enfim, que nela se baseou diretamente para forjar o conceito de catarse.

No entanto, as diferenças entre Freud e Breuer apareceram logo em seguida, não obstante as suas concordâncias iniciais. Isso porque para este o trauma não tinha qualquer caráter sexual, o que era a suposição daquele. Para Breuer, com efeito, qualquer experiência dolorosa que produzisse excesso no campo da consciência seria efetivamente traumática, enquanto para Freud apenas as que tinham uma marca sexual poderiam produzir o referido excesso. Para ele o corpo estranho, como eixo de constituição da consciência segunda, tinha sempre um sentido sexual. Por isso mesmo, se Freud admitia inicialmente que a histeria pudesse se configurar em diversas modalidades clínicas, como sendo hipnóide, de retenção e de defesa (1894), pouco depois passou a formular que só podia existir a histeria de defesa (1896). Todas as outras modalidades de histeria seriam a esta reduzida. O conceito de defesa se destacou então no discurso freudiano, como uma poderosa operação do eu para tentar silenciar uma experiência dolorosa, que seria sempre sexual. Vale dizer, a ofensa de que a subjetividade teria sido objeto carregaria sempre, para Freud, uma infalível marca erótica.

O que implica afirmar isso? Diante de um trauma sexual o eu procura expulsar da consciência as representações desprazerosas que tornariam o trauma presente e que o evocariam. Existiria, então, uma atividade psíquica do eu no ato mesmo da expulsão, não sendo, pois, a dita expulsão o efeito passivo de uma alteração funcional da consciência, como supunha Breuer. Seria pela expulsão voluntária da representação em causa que se configurariam o corpo estranho e a segunda consciência, que retornaria posteriormente, de maneira indireta, como sintoma somático. A ruptura teórica com Breuer estava, enfim, definitivamente consumada.

O conceito de defesa como operação do eu não ficou restrito, contudo, à histeria. Freud o estendeu decisivamente à leitura de outras formações psicopatológicas, como a obsessão e a psicose, já que teriam igualmente na sua gênese a presença de traumas sexuais. A divisão da consciência seria assim sempre produzida pela defesa, sendo esta agenciada pelo eu, que através dela evitaria sempre o contato com uma representação que fosse dolorosa. Essa expulsão voluntária deixaria traços no psiquismo, inscritos que seriam agora numa consciência segunda. Portanto, se delineava já aqui um modelo teórico outro do psiquismo, que se diferenciava ostensivamente tanto do modelo presente na psicologia clássica quanto da neuroanatomia do cérebro. Nessa perspectiva, nas mais diferentes formações psicopatológicas, a subjetividade se expressava positivamente, procurando dizer algo sobre a sua experiência dolorosa.

Assim, o psiquismo estava agora configurado como um conjunto *disperso* de traços mentais, que seriam sempre imantados por intensidades. Ele, contudo, se evidenciava como dividido por uma barreira relativamente intransponível, que seria produzida pelas defesas do eu. Numa das bordas do psiquismo existiam sempre o eu e a consciência, enquanto na outra se indicava a presença de uma segunda consciência. Um *conflito* fundamental se delineava entre esses diferentes registros mentais, na medida em que o primeiro se opunha à emergência do segundo no campo da consciência pela ação das defesas. A segunda consciência faria nesse caso um esforço contínuo para penetrar no campo da primeira, para poder ter acesso à ação. Entre vontade e contravontade, o conflito se estabeleceria, encontrando o seu ponto de equilíbrio numa *formação de compromisso* entre ambas, evidenciada pela produção de sintomas. Se estes indicavam eloqüentemente as marcas daquilo que fora ostensivamente expulso do campo da consciência, pela ação das defesas, a *resistência* que se apossava dos indivíduos ao serem convidados a se lembrar do que tinha acontecido com eles mostrava a ação contínua daquelas. O eu queria evitar, enfim, a todo custo, o contato com o que lhe produzia sofrimento.

Porém, ao conseguir contornar as fronteiras delineadas pelas defesas e penetrar astuciosamente no território da segunda consciência, o que Freud descobriu foi que os traços aí presentes, apesar de serem aparentemente dispersos, se conjugavam entre si de maneira significativa, estabelecendo relações precisas. O trauma, como acontecimento existencial crucial, seria aquilo que permitia costurar os traços psíquicos, que se articulavam nas dimensões lógica e temporal. Seria, portanto, o que conferia sentido não apenas aos traços presentes na segunda consciência, mas também à divisão efetiva do próprio campo da consciência.

Nesse contexto, Freud compara a organização da segunda consciência a um *arquivo*, no qual cada traço psíquico teria uma relação lógica e histórica com os demais. Esse arquivo constituiria uma memória secreta de traços, na qual estes seriam sempre investidos e marcados pela mobilidade. Essa memória/arquivo constituiria então uma escrita psíquica, sobre a qual uma história traumática estaria veladamente condensada, mas que a mobilidade que a perpassaria poderia transformar em fala. Foi certamente dessa descrição freudiana que Derrida articulou a construção do psiquismo em Freud com a sua teoria da escrita, assim como Lacan encontrou aí os elementos cruciais para formular que a psicanálise se fundava no campo da fala e da linguagem, ordenado que seria o psiquismo pelos significantes.

Ao lado disso, Freud compara ainda a organização da segunda consciência como arquivo a uma civilização desaparecida, de forma que a pesquisa psicanalítica seria então análoga à investigação arqueológica. A restauração do trauma na consciência primeira equivaleria então a trazer novamente à superfície uma civilização desaparecida, tal como Schliemann quando descobriu a existência da civilização micênica subjacente à grega clássica. Porém, haveria aqui uma diferença crucial, qual seja, a segunda consciência não seria uma civilização morta, como a micênica, mas viva, permeada por forças dinâmicas que insistiam em retornar à consciência e ocupar a cena psíquica principal. A investigação psicanalítica seria, enfim, uma *arqueologia do sentido*, o qual estaria arquivado nas tramas secretas da memória.

Portanto, o discurso freudiano se aproximou aqui da racionalidade histórica, enunciando a existência significativa do psiquismo como uma rede de traços, articulados por operadores lógicos e temporais, em torno de um *acontecimento* fundador denominado trauma. A utilização dos conceitos de arquivo e de arqueologia não é fortuita, evidenciando como Freud estava antenado com a constituição de uma leitura outra do mundo, centrada na idéia de história, como nos disse Foucault em *As palavras e as coisas*.

Porém, essa leitura supunha uma outra que lhe era anterior e que era fundadora do discurso freudiano. Com efeito, no começo da década de 1890, no ensaio sobre as afasias, Freud concebeu o psiquismo como um *aparelho de linguagem*, isto é, um conjunto de signos que dotava de sentido os acontecimentos vivenciados pelos indivíduos. Foi baseado nisso que Freud pôde enunciar então que o tratamento psíquico seria centrado na linguagem, indo assim na contramão da perspectiva positivista da medicina da época, que não conferia qualquer valor à palavra na experiência clínica. Logo em seguida, no entanto, em 1895, no *Projeto de uma psicologia científica*, Freud afirmou não apenas que o psiquismo seria um aparelho de linguagem mas que, além disso, seria permeado por intensidades. Estava condensado já aqui o paradigma teórico forjado pelo discurso freudiano.

Constitutivo da segunda consciência, contudo, o trauma tinha uma leitura bastante específica. Antes de mais nada, apenas um acontecimento de ordem sexual poderia produzir um excesso quantitativo no psiquismo. No entanto, isso se produzia num corpo ainda considerado como assexuado. Para Freud, o trauma seria um corpo estranho no psiquismo justamente porque o sexual era algo estrangeiro num corpo infantil assexuado. Com efeito, a criança seria abusada, seja por um adulto seja por uma outra criança mais velha, ficando, pois, numa posição passiva e indefesa face à sedução. Não entendia o que tinha se passado, na medida em que desconhecia a linguagem erótica. Somente num segundo momento, ao se defrontar com uma experiência análoga de sedução na puberdade, quando já seria sexuado, o jovem daria sentido ao que lhe acontecera. Apenas agora o evento se transformava em traumático, de forma que o eu procurava ativamente repelir o que lhe ocorrera pela divisão da consciência. Isso porque o indivíduo repugnava aquela experiência, sendo a fonte interminável de nojo e vergonha. Por isso mesmo, a esta concepção do trauma Freud denominou ainda de teoria da sedução.

Portanto, Freud enunciava que o trauma se referia sempre a um acontecimento real que seria fundador das perturbações psíquicas, mas que apenas ganharia sentido quando o corpo assexuado se transformasse em sexuado. Pode-se depreender disso que o discurso freudiano se inscreve aqui numa tradição pré-moderna do pensamento, segundo a arqueologia de Foucault, na medida em que existiria uma relação estrita entre as palavras e as coisas, sem qualquer autonomia daquelas. O psiquismo representava então as coisas de maneira especular, sendo a consciência, pois, o espelho do mundo. É claro que Freud já dividira a consciência pela ação fulminante das defesas, multiplicando e estilhaçando bastante aquela segundo as linhas de força de diversas especularidades. Porém, considerando com Foucault a história das técnicas de interpretação, Freud se inscreveria ainda no registro da *semiologia*, no contexto teórico da qual existiria ainda uma especularidade estrita entre os registros das palavras e das coisas.

Foi justamente esse paradigma teórico que caiu por terra logo em seguida, quando Freud abandonou definitivamente a teoria da sedução. Afirmara então, numa carta a Fliess, desolado, que "não acreditava mais na sua neurótica", ou seja, não acreditava mais que os seus pacientes tinham sido efetivamente seduzidos como diziam. Dar credibilidade a isso seria supor que todos os adultos fossem completamente perversos. Porém, acreditar nessa idéia lhe repugnava. Contudo, não queria dizer que seus pacientes eram mentirosos. Bem entendido. Alegar tal coisa seria reafirmar a leitura médica da fraudulência histérica. O que os pacientes diziam era verídico, com efeito, mas a verdade não remetia a um acontecimento real, mas a algo que se forjava no registro psíquico. O psiquismo, como objeto teórico autônomo, se constituiu somente aqui, de fato e de direito, passando a ser concebido, pois, de maneira descolada dos acontecimentos reais.

O que Freud queria dizer com isso? Antes de mais nada, que existia uma *realidade psíquica* ao lado da *realidade material*, de maneira que a real queixa de sedução dos indivíduos deveria ser remetida à primeira e não mais à segunda, como supunha até então .O acontecimento continuava sendo real para o sujeito, é claro, mas o registro da experiência era a realidade psíquica e não mais a material. Enunciar isso seria formular que a *verdade* do acontecimento se fundaria apenas no registro dos signos e não mais no das coisas. De acordo com a arqueologia de Foucault, Freud se inscreveria agora na modernidade, se deslocando do campo especular da semiologia para o da *hermenêutica*. Com efeito, as palavras remeteriam então de maneira insistente e infinita para outras palavras, não existindo mais um momento fundador absoluto da produtividade discursiva, como na teoria do trauma.

Pela nova leitura, a consciência especular foi definitivamente desbancada de sua posição soberana. O psiquismo passou a ser um campo de signos imantado por intensidades, de maneira que as representações-signos seriam reguladas por investimentos afetivos, comandando então o psíquico de maneira permanente.

Porém, enunciar que a verdade do acontecimento se ordena na realidade psíquica e não na material é formular ainda que as certezas da individualidade seriam forjadas por *fantasmas*. Ou seja, o sistema de signos estava permeado por intensidades, por fantasmas, que como espectros povoariam o psiquismo. A verdade se deslocou agora do registro semiológico, onde existia a referida adequação especular entre o eu e a coisa, para um outro no qual o que estaria em pauta seria a realidade psíquica, em que signos, intensidades e fantasmas constituiriam as cenas psíquicas.

É claro que a descrição freudiana anterior do psiquismo se mantém incólume, mas refundada agora numa outra concepção do acontecimento, centrada na realidade psíquica e não mais na material. Vale dizer, o psiquismo continua sendo considerado um conjunto de traços permeados por intensidades, que se articulam entre si segundo o sentido que os perpassa, delineando as relações lógicas e temporais entre os traços. Seriam os fantasmas agora que alinhavariam o sentido dos acontecimentos, direcionando as cenas psíquicas. Por isso mesmo, as leituras de Derrida e Lacan, centradas respectivamente na escrita e na fala como materialidades da linguagem, puderam se reencontrar com o discurso freudiano.

Portanto, o discurso freudiano passou a conferir positividade para o que na psicologia clássica era mera negatividade, qual seja, a *imaginação*. Esta foi restaurada agora pelo lugar estratégico conferido aos fantasmas, subvertendo a posição de autonomia e soberania conferida ao eu especular na psicologia clássica. Foi a posição hegemônica deste no psiquismo que foi colocada em questão, enfim, com a descoberta do inconsciente e a invenção da psicanálise.

Para isso, no entanto, o discurso freudiano enunciou que o psiquismo estava fundado no imperativo do prazer. Seria sempre este que estaria insistentemente presente na produção e na reprodução do psiquismo, regulando-o nas suas diferentes formações — o que implica dizer que a sexualidade, identificada com a busca permanente do prazer, seria constitutiva do aparelho psíquico. Com efeito, nos *Três ensaios sobre a teoria da sexualidade*, Freud enunciou a existência da sexualidade infantil, desarticulando assim a sexualidade do campo restrito da reprodução, indicando esta como sendo apenas uma dimensão daquela. Seria na dita sexualidade infantil que os fantasmas se ancorariam e perpassariam capilarmente todas as representações mentais, constituindo as cenas psíquicas interditas e secretamente arquivadas. Isso se desdobrou numa outra descrição do aparelho psíquico.

Inconsciente e desejo

O psiquismo foi agora configurado em diferentes registros, que estabelecem relações intrincadas entre si: o *inconsciente*, o *pré-consciente* e a *consciência*. Entre o primeiro registro e os demais existia uma barreira bem estabelecida, constituída pelo *recalque*. Seria essa a defesa fundamental, já que instauradora do psiquismo. A divisão psíquica se redescreve então em outros termos, não existindo mais agora a oposição entre diversas modalidades de consciência, sustentada pela luta interminável entre vontade e contravontade. Com efeito, o conflito, presente entre as instâncias psíquicas, se realizaria entre o inconsciente, que empreende um insistente movimento de retorno para ter acesso à consciência e à ação, e o pré-consciente/consciência, que a isso se oporia, pela mediação do recalque. Porém, seria continuamente pela dinâmica do conflito que se estabeleceriam as *formações do inconsciente*, quais sejam, os sonhos, os lapsos, os atos falhos, as piadas e os sintomas. A verdade, presente nas cenas do inconsciente, se enunciaria pela mediação de tais formações psíquicas, sendo, pois, pela sua interpretação meticulosa que se poderia aceder ao inconsciente.

A diferença fundamental existente entre inconsciente e pré-consciente se definiria pelo fato de que, pela vontade, seria possível tornar imediatamente consciente algo presente no pré-consciente, enquanto tal não seria o caso no que se refere ao inconsciente. Isso porque para se aproximar deste seria necessário superar a resistência que provocaria no psiquismo, na medida em que aquela seria o efeito da operação do recalque. No pré-consciente estariam presentes as representações que estão momentaneamente fora da consciência, por não interessarem à ação instrumental do eu, mas que poderiam ser permanentemente evocadas desde que este assim o queira. Entre os registros do pré-consciente e da consciência existiria então uma outra censura, mas essa seria porosa justamente porque não seria da ordem do recalque. Portanto, formula-se que o eu seria sempre instrumental e que não poderia operar eficazmente com excesso de representações, de maneira que faria sempre a economia da presença destas no campo da consciência, em nome da sua efetividade instrumental.

Finalmente, a consciência seria aqui o terceiro registro mental, mantendo todas as características que tinha na concepção clássica. Seria, pois, supostamente transparente para si própria e, ao mesmo tempo, o espelho do mundo, iluminada sem cessar pelo foco da atenção, mediado pelo eu na sua ação instrumental. Esse foco regularia o ritmo e o fluxo de representações na consciência.

Nos seus diferentes registros, o psiquismo seria sempre constituído por representações permeadas por intensidades. O que diferenciaria agora os registros seria tanto as diferentes modalidades de representação quanto as regras segundo as quais as representações seriam conjugadas. As formas existentes de articulação entre as representações seriam devidas, portanto, à especificidade destas e às regras que as conjugariam entre si.

Nessa perspectiva, impõe-se diferençar entre a *representação-coisa* e a *representação-palavra*, na medida em que a primeira materializaria o impacto das pulsões no psiquismo, enquanto a segunda remeteria à imagem acústica das palavras naquele. Assim, se a representação-coisa seria marcadamente de ordem visual, a representação-palavra teria uma materialidade auditiva, desdobramento indireto que seria dos discursos escutados. A incidência direta das pulsões no psiquismo se faria pelo registro da consciência-percepção, produzindo as representações-coisa que existiriam inicialmente em estado disperso e em seguida articuladas em cadeias associativas, segundo as regras da contigüidade e da simultaneidade, que ordenariam as cadeias de signos. Somente posteriormente as cadeias de representações-coisas seriam articuladas com as representações-palavra, possibilitando então a consciência propriamente dita.

Nesse contexto, a representação-coisa seria característica do inconsciente e a representação-palavra estaria no registro do pré-consciente, sendo o ato de consciência a resultante da conjugação entre estes diferentes registros de representação. A consciência seria então positivada como uma proposição e um enunciado, na qual seriam intimamente articuladas a representação-coisa e a representação-palavra, numa frase constituída por sujeito, verbo e predicado.

Porém, isso tudo se inscreveria ainda em *sistemas* diferentes, orientados por regras diversas. As representações-coisa estariam submetidas ao princípio do prazer, isto é, buscariam sempre o prazer e o gozo, não recuando diante dos impasses colocados. Em pauta estaria o *processo primário*, que se caracterizaria pela mobilidade absoluta dos traços psíquicos com vistas ao gozo. Seria isso que assinalaria o sistema inconsciente, onde não existiria a idéia de morte e de contradição, nem a noção de tempo, mas apenas o imperativo de gozar. Seria para se contrapor a isso que o recalque seria estabelecido, para obstaculizar os efeitos nefastos do gozo absoluto. Em contrapartida, com o sistema pré-consciente/consciência, o psiquismo se regularia pelo princípio de realidade, de forma que o prazer ficaria submetido aos imperativos da realidade material e não apenas aos da realidade psíquica. Vale dizer, o *processo secundário* encadearia as representações segundo as relações de causalidade e de reconhecimento do contexto, de acordo com os pressupostos da lógica da identidade e da contradição.

Desta maneira, seriam os fantasmas que definiriam o imperativo de gozo, presente no sistema inconsciente, configurando este pela mediação do *desejo*. Seria o desejo que regularia a realidade psíquica, a qual estaria sempre na dependência estrita dele. As diferentes formações do inconsciente seriam constantemente marcadas pelo desejo, que buscaria se realizar em ato, procurando se inscrever no registro da consciência, mas que se chocaria com a barreira do recalque para impedir a realização de tal intento. A positivação da imaginação, empreendida pelo discurso freudiano, se realizou pelo viés de conferir também ao desejo, conjugado ao fantasma, um lugar na subjetividade, que não estava presente na psicologia clássica. A produção de sentido seria agora efetuada pelo imperativo do desejo inscrito nas cenas fantasmáticas.

Essa descrição freudiana do psiquismo foi denominada de primeira tópica, na qual se delineou a existência de diferentes registros mentais, onde circulavam diversas modalidades de representação e de sintaxes reguladoras desta. Assim, as representação-coisa e representação-palavra seriam reguladas pelos princípios do prazer e da realidade, por um lado, e pelos processos primário e secundário, pelo outro. A realidade psíquica imantada pelo desejo se contraporia à realidade material, regulada pelas gramáticas do eu e da consciência. Estaria aqui o cerne da conflitualidade, que marcaria o psiquismo, dilacerado entre diferentes pólos.

A segunda tópica, estabelecida por Freud em 1923 no ensaio *O eu e o isso*, modificou o enunciado dos registros psíquicos, mas manteve a mesma lógica conceitual e a presença da conflitualidade como princípio. Com efeito, se o *isso* representava agora o pólo pulsional do psiquismo, o *eu* mantinha o seu antigo lugar e o *supereu* representava agora a instância de interdição do desejo.

A leitura do psiquismo assim esboçada nas diferentes tópicas freudianas exigiu a constituição de um discurso teórico outro, que não seria nem o da psicologia clássica, nem o da neuropatologia. Para esse discurso Freud forjou o nome de *metapsicologia*. Esta se caracterizaria pela utilização de três códigos de descrição dos fenômenos mentais, que seriam complementares: o *tópico*, o *dinâmico* e o *econômico*. Assim, qualquer experiência psíquica exigiria uma leitura que definisse em que lugares psíquicos estaria acontecendo, antes de mais nada. Vale dizer, em que registros psíquicos estaria aquela experiência ocorrendo e que modalidades de representação estariam em causa. Foi assim definida a dimensão tópica. Em seguida, como os registros em pauta e as representações correspondentes estabeleceriam conflitos entre si, isso delinearia a dinâmica psíquica. Como as representações seriam sempre investidas, finalmente, a dimensão econômica da metapsicologia procurava definir quais seriam as intensidades em pauta. Uma descrição metapsicológica do psiquismo seria aquela que sempre se orientasse, enfim, por esta tripla exigência teórica.

É pela indagação da metapsicologia que se pode situar devidamente a problemática crucial que a psicanálise colocou para a filosofia. É o que veremos agora, esmiuçando nas suas difrações o discurso metapsicológico.

Metapsicologia, metafísica e interpretação

É curioso que Freud tenha denominado de metapsicologia o saber de referência na psicanálise. Trata-se de algo francamente intrigante, porque afirma que a psicanálise não é uma psicologia, mas uma metapsicologia. Com efeito, a leitura que a psicanálise realiza do psiquismo não se identifica com a da psicologia, na medida em que não se volta para a descrição das faculdades mentais, mas para a elucidação do sentido da experiência psíquica.

Por isso mesmo, Freud afirmou literalmente que a leitura psicanalítica pretende ir *além* da psicologia. A inclusão aqui do prefixo *meta* indica justamente isso. A metapsicologia pretende ser uma leitura do psiquismo que transcenderia a da psicologia por não se restringir ao estudo das faculdades psíquicas. Pressupondo, assim, que o psiquismo é um *processo*, propõe a ele um triplo código de leitura, quais sejam, as leituras tópica, dinâmica e econômica.

Porém, ultrapassar o registro das faculdades implica, ao mesmo tempo, realizar uma modalidade de compreensão do psiquismo que transcenda os registros da consciência e do eu. Desta maneira, o que está em pauta é uma ruptura evidente com os pressupostos da psicologia clássica, na medida em que com a metapsicologia a psicanálise pretende circunscrever os processos subjacentes ao eu e à consciência. Em decorrência disso, Freud afirmou repetidas vezes que a psicanálise seria uma psicologia profunda. A psicologia clássica, por sua vez, seria uma leitura da superfície do psiquismo, porque ficaria restrita a seus registros periféricos.

Contudo, isso ainda não é tudo. A palavra metapsicologia é evidentemente derivada da palavra *metafísica*. Ao denominar o saber teórico da psicanálise numa derivação imediata e incontornável, da palavra metafísica, Freud identifica naquela algo que a aproximaria desta. Mas o que poderia tangenciar a psicanálise com o saber da metafísica? Não parecem existir dúvidas a respeito disso: a psicanálise seria um saber fundado na *interpretação* e no que esta implica, qual seja, o psiquismo seria construído em torno dos conceitos de sentido e significação, na medida em que a interpretação apenas seria possível se estivesse remetida ao mundo do sentido como o seu correlato.

Por isso mesmo a obra inaugural da psicanálise intitulava-se *A interpretação dos sonhos*. Contrariando as tradições da psicologia clássica e da neuropatologia, o discurso freudiano enunciou que os sonhos seriam não apenas formações psíquicas, como também forjados pelo sentido. Sonhar quer dizer alguma coisa, isto é, o sujeito enuncia algo através de seus sonhos, não sendo estes nem o subproduto da atividade cerebral, nem tampouco um devaneio errático da imaginação. Freud retoma aqui uma longa tradição popular e pré-científica, segundo a qual os sonhos seriam produções significativas. A construção do sentido do sonho seria sempre imantada pelo desejo, que se materializaria eloqüentemente na narrativa onírica. Em decorrência disso, o discurso freudiano enunciou que o sonho seria o caminho real para o inconsciente, pois este teria no desejo o seu primado. O sonho foi enunciado enfim como o paradigma teórico do inconsciente, portanto, uma formação do inconsciente.

Em seguida, o discurso freudiano circunscreveu outras formações do inconsciente, como os lapsos, os atos falhos e as piadas, constituindo uma verdadeira "psicopatologia da vida cotidiana". Pela mediação de tais formações, poder-se-ia ter acesso ao inconsciente, isto é, seria possível delinear o campo desejante em ato numa dada subjetividade, para realizar o seu deciframento efetivo. Finalmente, todas as perturbações psicopatológicas do espírito poderiam ser interpretadas pelo paradigma do inconsciente, na medida em que seriam significativas.

Assim, o método de interpretação construído pela psicanálise seria o do deciframento. Isso porque as formações do inconsciente seriam caracterizadas pelo enigma, apresentando-se sempre de maneira cifrada, tanto para o sujeito quanto para o intérprete. Nem este nem aquele, com efeito, seriam detentores de uma chave predeterminada de leitura dos sonhos, como se realizava ainda na Antigüidade. Esta chave seria agora inoperante, na medida em que não seria capaz de destacar a singularidade do sujeito, definida sempre pelo seu desejo.

Por isso mesmo, para a interpretação de qualquer formação do inconsciente seria necessário que o sujeito pudesse associar livremente a partir de cada um dos fragmentos cifrados da narrativa enigmática. O sujeito deveria ser colocado num estado de errância, sem estar preocupado em explicar a formação em questão, mas em se deixar levar pela trama que lhe vem ao espírito. Desta maneira, o processo associativo já seria um processo interpretativo, que suporia a fragmentação do psiquismo como sendo a sua condição de possibilidade. Seria pelo deslizamento insistente do sujeito, nas cadeias de signos/representações mentais, que o sentido iria se configurando, permitindo delinear o desejo numa formação cifrada.

Entretanto, se a *livre associação* seria o imperativo metodológico para o analisante, a *atenção flutuante* seria a sua contrapartida para a figura do analista. Para este, com efeito, era exigido também que não buscasse qualquer explicação e não privilegiasse nenhum fragmento da narrativa do analisante, mas que se deixasse sempre levar pela escuta errática do deslizamento deste. Ou seja, o analista/intérprete estaria também submetido à mesma errância e à suspensão explicativa exigida da figura do analisante, para que a interpretação pudesse se enunciar.

O que esses imperativos metodológicos nos evidenciam, afinal das contas? Tanto a associação livre, do lado do analisante, quanto a atenção flutuante, do lado do analista, revelam o que está em questão aqui: a exigência de suspensão do eu, para que as diversas cadeias associativas, na sua real fragmentação, pudessem se enunciar em ato, como discurso. Seria através disso que os registros do desejo e do sentido poderiam se evidenciar literalmente, sem os ruídos das manobras explicativas do eu e sua ação instrumental, voltada sempre para a adaptação do indivíduo.

Evidentemente, tudo isso nos indica ainda como a desconstrução teórica da psicologia clássica se realizou pela suspensão momentânea do eu e do seu correlato, qual seja, a sua estratégia estritamente cognitiva. Com isso, a imaginação pôde ser positivada na sua produtividade simbólica, pela mediação do deslizamento insistente das cadeias de signos/representações. Os imperativos metodológicos do deciframento psicanalítico visam, pois, dar consistência aos pressupostos teóricos de uma subjetividade fundada agora no inconsciente.

Não foi por acaso, certamente, que todas as formações do inconsciente enunciadas por Freud denotam modalidades de ser do psíquico nas quais o eu, no registro cognitivo, falha literalmente na sua funcionalidade instrumental. Tanto no sonho quanto no ato falho, no lapso, na piada e no sintoma, o eu derrapa a partir de algo que o desconstrói momentaneamente, evidenciando a irrupção do desejo. É sempre isso que está em jogo quando se alude à presença do inconsciente no psiquismo, na medida em que a consciência foi posicionada como subalterna e o eu colocado em estado de suspensão momentânea na sua instrumentalidade. Enfim, a imaginação, como excesso e positividade produtiva, pode então ser destacada, saindo da condição de negatividade na qual fora colocada pela psicologia clássica.

Foi nesse contexto histórico de descoberta da psicanálise que Freud enunciou que, com a metapsicologia, estaria realizando o seu antigo desejo de se dedicar à filosofia e não mais à medicina, pois não tinha interesse nem talento para a terapêutica. O que queria dizer Freud com isso, efetivamente? Diversas e diferentes coisas, ao mesmo tempo, como veremos agora de maneira esquemática.

Desconstrução do sujeito

Antes de mais nada, é preciso dizer que se Freud não era um erudito em filosofia, não era tampouco um incauto. Ele acompanhou alguns cursos ministrados por Brentano, na Universidade de Viena, no tempo em que era estudante de medicina. Além disso, dedicou-se à prática da tradução para se sustentar, ainda quando estudante. Traduziu então alguns textos filosóficos, como os de Stuart Mill. Portanto, Freud não era absolutamente ignorante no que concerne à filosofia, tendo, pois, uma boa educação de base.

No entanto, é preciso considerar ainda a desconfiança existente, na comunidade científica da Alemanha, em relação à filosofia, na segunda metade do século XIX. Os naturalistas alemães consideravam perigosas as formulações totalizantes presentes no discurso filosófico, justamente porque não faziam avançar o conhecimento positivo pretendido pelas ciências..Porém, o discurso filosófico em questão era representado principalmente pela filosofia de Hegel, a quem se atribuía uma versão panlogista do mundo, segundo a feliz expressão cunhada por Hyppolite. Em decorrência disso, existiu um deslocamento teórico significativo, na tradição filosófica alemã, de Hegel para Kant, no final do século XIX, nos rastros da Escola de Marburgo e da leitura de Cohen sobre a filosofia kantiana. Nesse contexto, os naturalistas alemães se inscreviam sobretudo na tradição filosófica kantiana, considerada como crítica da perspectiva totalizante supostamente presente na filosofia de Hegel e mais próxima, então, do ideário de positividade do saber científico.

É preciso evocar esse contexto para justificar as crescentes e progressivas desconfianças teóricas de Freud em relação à filosofia, buscando este sempre enfatizar que a psicanálise não era uma modalidade filosófica de saber, justamente porque tinha a pretensão de ser um discurso científico. Isso porque a cientificidade da psicanálise era colocada em questão pela comunidade científica de então. O pomo da discórdia era precisamente a pequena positividade presente nos enunciados teóricos da psicanálise, de maneira que esta foi aproximada da estética desde a publicação de *A interpretação dos sonhos*. A psicanálise era um saber fundado na interpretação, sendo, por isso mesmo, aproximada do discurso filosófico. Este se transformou decididamente num fantasma diabólico tanto para Freud quanto para a psicanálise nesta conjuntura histórica.

Foi visando sempre os diferentes objetos teóricos em questão, na psicanálise e na filosofia, procurando distingui-los radicalmente, que Freud empreendeu a crítica psicanalítica da filosofia. O que estava em pauta, portanto, eram as supostas dimensões totalizante e sistemática presentes no discurso filosófico e que seriam alheias à psicanálise. Pode-se depreender disso que era sempre a filosofia de Hegel o alvo teórico visado por Freud, caracterizada seja pela pretensão totalizante, seja pela pretensão a ser um sistema. Por isso mesmo, Freud aproximou o discurso filosófico da paranóia, pela presença em ambos do imperativo do sistema. Além disso, a retórica filosófica foi considerada similar à que se encontrava na esquizofrenia, pois em ambas o fascínio com as palavras distanciariam o sujeito do registro das coisas, fazendo-o perder o juízo de realidade. Seria ainda a sedução pelo sistema o que conduziria a filosofia a ficar presa na retórica linguageira e dar as costas ao mundo do real. Finalmente, a presença do imperativo totalizante conduziria a filosofia a se transformar numa visão de mundo, o que não era o caso da psicanálise, que teria uma leitura fragmentar do real, fundada sempre num objeto teórico específico, isto é, o inconsciente.

Portanto, a psicanálise não poderia ser uma modalidade de discurso filosófico justamente para ser teoricamente reconhecida como uma leitura científica sobre o psiquismo. Estaria no inconsciente o seu objeto teórico e o que visava com a interpretação, sendo pela mediação desta que teria sido construída a metapsicologia. Foi em decorrência disso que Freud afirmou quando inventou a psicanálise, que, com a metapsicologia, estaria realizando finalmente o seu desejo de ser um filósofo. Estaria aqui a borda existente entre metapsicologia e metafísica, na medida em que ambas se realizariam pela interpretação.

Porém, foi pela existência dessa borda que Freud sempre se inquietou com o fantasma da filosofia no interior da psicanálise, que precisaria ser continuamente exorcizado. Isso porque seria apenas assim que a psicanálise poderia ter o seu reconhecimento como discurso científico. Daí a razão da mordacidade, quase sempre presente na crítica de Freud ao discurso filosófico, pois buscava decantar assim a presença deste fantasma na psicanálise.

Nessa perspectiva, Freud valeu-se de diferentes argumentos para sustentar o pertencimento da psicanálise no campo da ciência. Assim, mesmo se os conceitos fundamentais da metapsicologia não fossem empíricos, isso também se passaria com os demais discursos científicos e mesmo com a física, considerada, então, como o modelo de cientificidade. Com efeito, os conceitos de matéria e de energia seriam tão abstratos quanto o de pulsão, dizia Freud, bastante distantes todos estes de qualquer empiricidade. Além disso, os conceitos fundamentais de um dado discurso científico apenas seriam fixados definitivamente com o desenvolvimento deste discurso, como foi ainda o caso exemplar da física, devendo ser considerados como provisórios nos seus primórdios, isto é, como hipóteses fecundas de trabalho, que poderiam ser sempre retificadas no futuro com o desenvolvimento científico.

No entanto, o imperativo de *verificação* dos enunciados teóricos da psicanálise se impunha freqüentemente a Freud, justamente porque seria por esse viés que o discurso freudiano poderia reivindicar a sua positividade científica. Daí porque Freud e a primeira geração de psicanalistas publicaram longas narrativas de experiências analíticas. A publicação de extensos casos clínicos por Freud, nos quais se descrevia a elucidação metapsicológica dos sintomas, visava precisamente atender à exigência de verificação formulada pelo discurso científico. A experiência psicanalítica foi transformada no laboratório de verificação científica dos enunciados metapsicológicos da psicanálise.

É preciso evocar aqui que o discurso neopositivista, que procurava diferençar os enunciados científico e filosófico pela mediação da categoria de verificação, se constituiu justamente neste contexto histórico e na mesma Viena em que vivia Freud. Era ao ideário neopositivista de ciência, forjado pelo Círculo de Viena, que o discurso freudiano tinha que prestar contas, para que a psicanálise pudesse ser reconhecida como uma ciência e não como filosofia.

Contudo, Freud teve de reconhecer que a psicanálise não se adequava aos cânones neopositivistas de ciência. Assim, diferentes conceitos metapsicológicos fundamentais não eram passíveis de qualquer verificação. Desde os anos vinte, Freud teve que aceitar definitivamente isso. Com efeito, quando enunciou o conceito de pulsão de morte, que não foi reconhecido por parcela significativa das comunidades científica e psicanalítica, Freud afirmou que se tratava aqui de uma "especulação", isto é, de algo que não poderia ser empiricamente verificado. Especulação de que não podia abrir mão, tal a certeza que tinha naquele conceito bem fundado para interpretar certos processos psíquicos. Por isso mesmo, valeu-se de Platão e de Empédocles, constituindo então um argumento mítico, para legitimar finalmente o conceito de pulsão de morte.

Além disso, no final de seu percurso teórico, Freud passou a aproximar a metapsicologia da bruxaria, uma maneira de afirmar que os enunciados teóricos da psicanálise não se combinavam com os cânones neopositivistas do discurso da ciência. Com efeito, Freud valeu-se da metáfora da bruxaria para circunscrever a pertinência teórica do discurso psicanalítico, evocando uma tradição que teria sido enterrada pelo advento da ciência moderna. Portanto, a psicanálise se inscreveria numa longa tradição pré-científica, pois não se harmonizava com os cânones do neopositivismo.

A evocação da bruxaria, no entanto, não é apenas uma metáfora para Freud, já que estaria referida a um momento da história do pensamento, no qual foi afirmado que seriam os espíritos malévolos os responsáveis pela loucura. Na Idade Média, com a Inquisição, as histéricas foram lançadas nas fogueiras da virtude justamente porque consideraram-nas possuídas pelos maus espíritos. Para Freud, contudo, a teoria demonológica foi finalmente vitoriosa contra a tradição positivista na leitura da loucura, na medida em que o conceito de fantasma, enunciado pela psicanálise, teria conferido positividade à idéia religiosa de espírito maléfico.

Como vimos, segundo a concepção freudiana o psiquismo seria perpassado por fantasmas, que encantavam a realidade psíquica, para o bem e para o mal. Nas cenas onde os desejos se inscreviam e circulavam permanentemente, os fantasmas capturavam os signos e as representações mentais, colocando a subjetividade em movimento, sustentando-a no seu pensar, no seu dizer e no seu fazer. Por isso mesmo, pela interpretação a metapsicologia freudiana buscava realizar o deciframento dos fantasmas e dos desejos que impulsionavam a subjetividade, que se manifestavam pelas formações do inconsciente.

Porém, mesmo reconhecendo que a psicanálise não era efetivamente uma ciência de acordo com os cânones então vigentes, Freud ainda afirmava que aquela seria uma ciência de outra ordem e não uma modalidade de discurso filosófico, porque não pretendia ser um sistema, nem realizar uma leitura totalizante do real. A interpretação em psicanálise não constituiria uma visão de mundo. Isso porque, com o deciframento e sem se fundar num código *a priori* de símbolos, a interpretação psicanalítica visaria sempre as marcas particulares evidenciadas pelos signos, se deslocando, o tempo todo, no eixo da singularidade. Esta seria, dessa maneira paulatinamente destacada, perpassada pelos fantasmas e desejos que a costurariam nos seus pequenos detalhes. Portanto, a fragmentação do psiquismo seria o contraponto permanente do deciframento, sendo aquela a condição de possibilidade da interpretação. A sexualidade perverso-polimorfa, enfim, estaria no fundamento desta fragmentação, impulsionada pelo imperativo do prazer.

Enuncia-se, assim, que o discurso freudiano colocou para a filosofia um problema fundamental na virada do século XIX para o XX: o *descentramento do sujeito*. Formular, com efeito, que a interpretação como deciframento se refere a uma leitura fragmentar do psíquico, implica enunciar o descentramento do sujeito promovido pela psicanálise.

A concepção psicanalítica de que existiria um psiquismo inconsciente e que a subjetividade transcenderia em muito os registros do eu e da consciência, implicou efetivamente no descentramento do sujeito. Essa tese colocou em questão uma longa tradição que se constituiu com Descartes e que foi denominada de filosofia do sujeito. Era sempre isso que estava em pauta na crítica empreendida por Freud da psicologia clássica.

Essa crítica pôs em discussão toda a tradição filosófica fundada no *cogito*, como Lacan indicou devidamente desde o início de seu percurso na psicanálise. Isso porque se para Descartes o pensamento era a garantia do critério de existência para o sujeito — "penso, logo existo" —, para Lacan a descoberta do inconsciente indicava um paradoxo fundamental, qual seja, o sujeito existia onde não pensava e pensava onde não existia. Com efeito, se o inconsciente é desejo, o desejo fundaria agora a condição de existência fora do registro do pensamento. Foi em decorrência disso ainda que Lacan acabou por enunciar que o inconsciente seria um conceito *ético* e não *ôntico*, não se inscrevendo mais no registro do conhecimento. Portanto, a existência do sujeito e a produção da verdade se realizariam para a psicanálise fora do registro do pensamento, inscrevendo-se nos registros do desejo e do inconsciente.

Seria essa uma das versões da tese do descentramento do sujeito promovida pela psicanálise. Porém, existem outras que formularam também a mesma tese, mas segundo uma outra direção teórica. Com efeito, quando Foucault inscreve Freud como um dos fundadores da tradição hermenêutica, ao lado de Marx e de Nietzsche, acentua a dimensão interpretante presente no discurso freudiano. Teriam se perdido aqui as noções de *origem* e de *referente* no campo da linguagem com a emergência da modernidade, em contraposição ao que existia na dita Idade Clássica fundada ainda no registro da representação e da semiologia.

A consciência, concebida como superfície especular, era o que fundava a semiologia e a crença de que o pensamento poderia representar o mundo das coisas. Entre as operações do *ver* e do *dizer* existia uma articulação fundamental, que se perdeu posteriormente. Com a hermenêutica, no entanto, a modernidade passou a conceber a linguagem como remetendo sempre à linguagem, numa errância infinita, na qual cada palavra reenviaria sempre a uma outra palavra, sem que se possa jamais capturar um referente originário. Estaria rompida, enfim, a identidade entre o ver e o dizer, materializada na representação.

Assim, com a psicanálise estaríamos bastante longe de uma filosofia fundada no *cogito*, na medida em que seria este que constituiu o campo da representação como fundamento para a leitura das coisas, no qual o ver e o dizer se identificavam. Com a hermenêutica freudiana, enfim, a linguagem não se refere mais ao universo das coisas, estando agora em questão a realidade psíquica e não mais a realidade material.

Podemos dizer, portanto, que a problemática colocada pela psicanálise para a filosofia se centra na crítica do *cogito*. Estaria em pauta uma *desconstrução* da filosofia do sujeito, com o descentramento do sujeito dos registros do eu e da consciência. Essa desconstrução, no entanto, não se realizou de maneira imediata no discurso freudiano, mas exigiu um longo e tortuoso percurso, tendo que ultrapassar diferentes patamares conceituais. A totalidade da obra de Freud, nos seus diversos contextos teóricos, foi a materialização dessa desconstrução. É o que indicarei agora.

Descentramentos

Num ensaio publicado em 1917, intitulado "Uma dificuldade da psicanálise", Freud enunciou que a psicanálise provocava resistências, não contingentes, mas estruturais. Isso porque não seria o fato daquela ser uma jovem modalidade de saber, nem o de se fundar na sexualidade, que justificariam as ditas resistências. Estas se basearіam no eu e na consciência, em decorrência destes pretenderem sempre dominar o campo do psiquismo e das coisas. Nessa medida, a psicanálise implicaria uma "ferida narcísica" para a humanidade devido aos descentramentos do psiquismo por ela promovidos.

A leitura desse ensaio é fundamental para evidenciar esta problemática, por diversas razões. Em primeiro lugar, porque é uma produção madura do discurso freudiano, onde se condensam os diversos sentidos assumidos pelo conceito de descentramento. Em segundo lugar, porque o descentramento promovido pela psicanálise foi também inscrito no rastro de outros que foram cruciais na história do pensamento no Ocidente. Em terceiro lugar, todos esses descentramentos se realizaram no campo do discurso científico, sendo, pois, constitutivos da modernidade.

Assim, a psicanálise representaria a terceira grande ferida narcísica da humanidade, tendo sido precedida historicamente pelas revoluções copernicana na cosmologia e pela revolução darwiniana na biologia. Porém, se os descentramentos da subjetividade, dos registros da consciência e do eu, foram feridas narcísicas para a pretensão destes no domínio sobre o psiquismo e a realidade, não seriam aqueles de natureza radicalmente diferentes dos que retiraram o homem do centro do cosmo e da vida. Com efeito, se com Copérnico a Terra foi deslocada do centro do cosmo e inserida na posição secundária de um dos diversos planetas que girariam ao redor do Sol, com Darwin o homem perdeu o seu lugar privilegiado na ordem da natureza, inscrevendo-se nesta como um simples animal, derivado de outras espécies na evolução biológica. Portanto, se o homem acreditava ocupar um lugar destacado no cosmo e no campo do olhar divino, com a teoria heliocêntrica de Copérnico esta pretensão teria caído literalmente por terra, delineando-se o Universo infinito no qual se inseria agora o homem desamparado. Da mesma forma, o homem podia se representar ainda como um ser superior aos demais para o olhar divino, ao supor a sua superioridade no mundo da natureza, mas com a interpretação darwiniana foi remetido para as suas dimensões animais, perdendo, enfim, qualquer aura de superioridade.

Nesse contexto, a psicanálise teria retirado a última ancoragem da pretensão humana, o último reduto de sua suposta superioridade e arrogância, ao enunciar que a consciência não é soberana no psiquismo e que o eu não é autônomo neste. Vale dizer, a realidade psíquica se deslocou decididamente da consciência e do eu para os registros do inconsciente e da pulsão, que passaram agora a regulá-la. Porém, condensam-se aqui três sentidos diferentes para o descentramento, que se realizaram ao longo do pensamento freudiano: (1) da consciência para o inconsciente; (2) do eu para o outro; (3) da consciência, do eu e do inconsciente para as pulsões.

Existem, portanto, diferentes sentidos para o descentramento, transformando-se então decisivamente o seu conceito. Entretanto, esses sentidos não são incompatíveis entre si, mas complementares. O que se enuncia desta maneira é a *radicalização* do conceito de descentramento no discurso freudiano. Isso porque, se nos dois registros iniciais a crítica se circunscrevia ainda ao campo da *representação*, no terceiro registro o descentramento se fundaria na exterioridade desta.

Nessa perspectiva, no seu percurso o discurso freudiano colocou paulatinamente em questão os três registros teóricos nas quais o *cogito* se fundava: a consciência, o eu e a representação. Esta desconstrução foi não apenas progressiva, mas foi evidenciando também limiares crescentes de complexidade. Vale dizer, desconstruir o centramento da subjetividade no registro da consciência é bem mais fácil do que fazê-lo no registro do eu e este é certamente bem mais simples do que desconstruir o centramento no registro da representação. Porém, foi esta a direção desconstrutiva assumida pelo discurso freudiano, no qual se atingiu os três pilares fundadores da filosofia do sujeito.

Consideremos, então, os diferentes sentidos do descentramento em psicanálise, indicando suas ressonâncias no discurso filosófico.

Da consciência ao inconsciente

No primeiro descentramento freudiano, a consciência foi retirada de seu lugar destacado no psiquismo e relativizada em relação ao inconsciente. Estamos aqui no momento inaugural da psicanálise. A realidade psíquica, centrada no inconsciente, se autonomizou, perdendo a condição de simples reflexo especular da realidade material. Estamos na primeira tópica, em que o inconsciente como sistema psíquico se contraporia ao sistema pré-consciente/consciência. O psiquismo seria construído por representações atravessadas por intensidades, mas onde o registro da representação seria mais importante que o da intensidade. Enfim, as representações circulariam entre os diversos sistemas, nos quais se articulariam e se desarticulariam a representação-coisa e a representação-palavra.

Porém, o registro do eu não foi colocado em questão, mantendo-se como instância soberana no psiquismo, realizando sua função cognitiva e regulado pelo princípio da realidade. Em decorrência disso, o eu não seria uma instância sexualizada, mantendo-se como pura racionalidade, podendo discriminar entre as representações inconscientes e as pré-conscientes/conscientes. As fantasias inconscientes não teriam o poder de perturbar a percepção do eu, que poderia afastá-las de seu território. Isso porque o eu seria investido pelo "interesse", isto é, pelas exigências de autoconservação da individualidade.

Daí por que o modelo inicial do dualismo pulsional, que definia as linhas de força do conflito psíquico, se configurava pela oposição entre as pulsões sexuais e as pulsões de autoconservação. Seria sempre em nome da autoconservação, representada pelo sistema pré-consciente/consciência e pelo eu, que a subjetividade se protegeria da irrupção da sexualidade perverso-polimorfa, advinda do sistema inconsciente. Essa proteção se realizaria pelo recalque, divisor de águas entre estes sistemas. O conflito se fundaria entre os pólos vital e sexual do psiquismo, de maneira que, parafraseando Schiller, Freud enunciou que o conflito psíquico se ordenaria entre a fome e o amor.

O método psicanalítico se pautava pelo imperativo de tornar consciente o que era inconsciente, para que, neste deslocamento de registros psíquicos, o eu pudesse, em nome dos interesses da autoconservação, oferecer um destino estruturante para o sexual. O que se impunha, como exigência moral, era adequação do princípio do prazer ao princípio da realidade, pela qual o eu harmonizaria a subjetividade dilacerada.

Esse descentramento inaugural provocou efeitos importantes na filosofia. As ressonâncias foram diversas, assumindo diferentes direções, nas quais os autores se posicionaram frente ao esvaziamento teórico da consciência.

A fenomenologia criticou bastante Freud pela promoção desse descentramento, pois a consciência perderia a sua consistência. Como resposta, foi argüido que o inconsciente não passaria da condição de ser uma modalidade outra de consciência, ou seja, uma forma latente desta. Isso tudo apesar das repetidas objeções de Freud sobre essa leitura, principalmente pelo enunciado dos conceitos de inconsciente como sistema e de recalque, que restringiriam a consistência da consciência.

Foi nesse contexto teórico que Freud foi vivamente criticado por Sartre, nos anos 40. Este, com efeito, insistiu bastante no mecanicismo e fisicalismo presentes na metapsicologia, que esvaziavam a consciência de sua riqueza e plenitude significativas. Baseou-se para tal na fenomenologia de Husserl e na filosofia existencial de Heidegger. Em decorrência disso, aproximou a subjetividade referida pelo inconsciente freudiano de uma postura ética de *má-fé* daquela, pela covardia e pela não assunção da responsabilidade que implicava para o sujeito a crença num inconsciente na exterioridade da consciência. Em contrapartida à psicanálise, Sartre enunciou a construção de uma analítica existencial, na qual a centralidade moral e cognitiva da consciência seria finalmente restaurada pelo destaque conferido ao conceito de *projeto existencial*.

Em contrapartida, destacando a subversão filosófica que a psicanálise produziu justamente por causa do descentramento em pauta, Althusser ironizou, nos anos 60, a tradição fenomenológica na sua crítica à psicanálise. Aplaudindo a boa nova das concepções de Freud para a crítica da filosofia do sujeito, incluído ao lado de Nietzsche como aquele que perturbou esta tradição filosófica, Althusser criticou os psicanalistas e os promotores da analítica existencial, que aderiram ao silenciamento do discurso freudiano, pela sedução teórica e mundana que estaria implicada na fenomenologia e no existencialismo.

Não se inscrevendo na tradição fenomenológica, Politzer valorizou, no final da década de 1920, a ruptura teórica da psicanálise com a psicologia clássica e a promoção do descentramento da subjetividade. Porém, indicou também os obstáculos teóricos representados pelo mecanicismo fisicalista presente na metapsicologia, para que a psicanálise pudesse refundar efetivamente a teoria da subjetividade que prometera.

Na esteira teórica de Politzer, Dalbiez realizou nos anos 40 a crítica da *doutrina* freudiana, mas enfatizou a importância do *método* inaugurado pela psicanálise, isto é, a interpretação. Com efeito, por essa oposição conceitual, Dalbiez propunha que a metapsicologia fosse definitivamente descartada em nome da interpretação, inovação teórica promovida por aquela.

De Politzer à Dalbiez, portanto, uma importante tendência teórica se consolidou no campo da filosofia francesa, na qual a psicanálise foi concebida como um saber da interpretação e onde se criticava o mecanicismo presente na metapsicologia. Foi nesse contexto histórico justamente que Lacan se constituiu efetivamente como autor, nos anos 30 e 40, destacando já a crítica do *cogito* realizada pela psicanálise, mas sustentando, ao mesmo tempo, a depuração da metapsicologia de seus modelos mecanicistas. Baseou-se aqui na fenomenologia, sobretudo Hegel mas também Husserl, para destacar a inovação teórica do conceito de inconsciente. Na década de 1950, Hyppolite aproximou a interpretação promovida pela psicanálise com a fenomenologia do espírito de Hegel, valorizando efetivamente o descentramento da subjetividade promovido por aquela.

Nos anos 60, Ricoeur procurou inscrever a psicanálise no campo da filosofia contemporânea, enfatizando sua dimensão hermenêutica. Indicou para isso que, desde o século XIX, se iniciou um processo teórico de *suspeita* em relação à consciência como lugar de produção da verdade, que se evidenciou nos discursos de Nietzsche, Marx e Freud. Por tal motivo seria necessário evidenciar a produção dos enunciados de verdade pelos métodos hermenêuticos, advindos da lingüística, da psicanálise e da filosofia da religião, para se restabelecer o ser da consciência pelos caminhos indiretos da interpretação. Tornar, pois, consciente o inconsciente continuava sendo ainda o imperativo da psicanálise e da filosofia, para Ricoeur, que acabou por inserir novamente Freud na tradição fenomenológica.

Entretanto, o descentramento promovido pelo discurso freudiano não se restringiu apenas ao movimento que iria do registro da consciência para o do inconsciente. Por isso mesmo, a restauração promovida por Ricoeur é insuficiente para acompanhar inteiramente a desconstrução do *cogito* enunciado pelo pensamento freudiano. É o que se verá agora.

O outro

No ensaio *Para introduzir o narcisismo*, publicado em 1914, Freud enunciou um outro registro para o descentramento proposto pela psicanálise. Com efeito, o que estaria em questão seria o eu e não mais apenas a consciência. Isso porque, nesse contexto, a instância do eu passou a ser concebida também como sexualizada, não sendo mais direcionada apenas pela busca desinteressada da verdade. Portanto, o eu seria também investido pela libido e deixaria assim de ter qualquer transparência nas suas operações cognitivas, turvado que ficaria pelas suas exigências erógenas, perdendo então qualquer neutralidade na leitura do mundo.

Além disso, o discurso freudiano formulou que o eu, como instância totalizante do psiquismo e do corpo, não seria originário, como pensara anteriormente, mas derivado do investimento do *outro*. Isso porque a condição primeira do infante seria a da fragmentação, promovida pelo auto-erotismo e pela sexualidade perversa-polimorfa. Portanto, seria o outro quem promoveria a unidade do eu e do corpo através de uma *imagem*, que teria a potência de unificação destes registros. Constituir-se-ia, assim, o narcisismo primário, que estaria no fundamento do eu. Caracterizando-se pela onipotência, o eu visaria dominar a fragmentação originária.

Nessa perspectiva, o eu seria uma condensação de investimentos erógenos, articulado sempre em torno de uma imagem caucionada pelo outro, de forma que aquele oscilaria permanentemente entre se auto-investir e investir os objetos, numa pontuação constante entre libido do eu e libido do objeto. Não existiria mais aqui, para Freud, as pulsões de autoconservação sustentadas pelos interesses vitais, já que agora as pulsões do eu seriam também sexuais. O que estaria em pauta, portanto, seria *quanto* o psiquismo deve conceder para si e quanto pode investir no outro, numa modalidade de balança energética entre os registros do eu e dos objetos. Dessa forma, a subjetividade estaria sempre polarizada entre o eu e o outro, num reconhecimento difícil deste, pois a onipotência que a fundaria estaria referida sempre ao outro.

Por isso mesmo, para Freud o eu onipotente teria que ser limitado na sua arrogância, para que o narcisismo pudesse se deslocar de sua condição de primário para a de secundário. Com isso, o eu que se enuncia inicialmente como sendo o seu próprio ideal (*eu ideal*), teria que reconhecer um ideal que lhe transcendesse, para reconhecer a *alteridade* no outro (*ideal do eu*), a fim de poder se libertar da imagem alienada pela qual fora constituído. Essa transformação implicaria para Freud na experiência da *castração*, condição de possibilidade do *complexo de Édipo* e do advento das identificações sexuadas, pelas quais as condições masculina e feminina seriam constituídas.

Com essa outra modalidade de descentramento, portanto, o eu se constituiria a partir do outro, não estando mais na origem, já que seria forjado por derivação, marcado para sempre pelas incidências do outro. Essa incidência seria originariamente alienante, no registro do eu ideal, mas se transformaria posteriormente no registro do ideal do eu, quando a *intersubjetividade* se constituísse, onde ser reconhecido pelo outro seria um imperativo. De qualquer maneira, o eu agora se inscreveria no campo do outro, perdendo então qualquer veleidade de autonomia absoluta, oscilando para sempre entre os registros do eu ideal e do ideal do eu.

Foi por esse viés que Lacan introduziu Hegel na leitura da psicanálise, na medida em que concebeu a constituição alienante do eu a partir da captura do outro, processo denominado de *estádio do espelho*, segundo os pressupostos da *dialética do senhor e do escravo*. Nesse contexto, a experiência psicanalítica visaria agora a ruptura da imagem alienante do eu, para que o sujeito pudesse finalmente se constituir. Daí adviria o reconhecimento do sujeito, no campo da transferência entre o analisante e o analista, rompendo definitivamente assim com as alienações imaginárias originariamente presentes no eu.

Habermas também considerou que a originalidade da psicanálise, em relação às ciências da natureza e às ciências da cultura, estaria nessa teorização específica do reconhecimento simbólico e da produção da alteridade. Inscreveu, pois, a sua leitura da psicanálise no campo desse descentramento, que foi promovido neste momento do pensamento freudiano.

Contudo, o registro da representação é o que está sempre em pauta nesses dois descentramentos iniciais. Apenas com o conceito de *pulsão de morte*, isto é, do enunciado sobre a existência de uma pulsão sem representação, é que o descentramento promovido pela psicanálise passou a ter a pulsão como sua referência fundamental, colocando em questão agora o registro da representação.

O trágico e a diferença

O conceito de *pulsão* se enunciou desde o início do discurso freudiano, em 1905, nos *Três ensaios sobre a teoria da sexualidade*. Estava, contudo, sempre referido ao registro psíquico do inconsciente, como fundador deste. A pulsão seria assim fundamentalmente sexual, mas se contraporia à dita pulsão de autoconservação, que seria investida pelo interesse. No entanto, com o advento do conceito de narcisismo esta oposição caiu por terra, pois agora todas as pulsões seriam sexuais. O conflito psíquico seria fundado estritamente no registro sexual, entre a libido do eu e a libido do objeto.

Porém, com o enunciado do conceito de pulsão de morte, em *Além do princípio do prazer*, o discurso freudiano restabeleceu o conflito entre os registros do sexual e do não sexual. No entanto, o não sexual indicava agora o oposto da autoconservação e da ordem vital, se enunciando como algo da ordem da morte que se oporia decididamente à pulsão de vida. Com efeito, se esta indicava uma potência de união e de reunião, isto é, o *amor* (*Eros*) no sentido platônico do termo, a pulsão de morte indicava a desunião, isto é, a *discórdia* (*Tanatos*). Foi nesse contexto que Freud se valeu da referência a Empédocles, para enunciar a presença da oposição insuperável entre o amor e a discórdia no fundamento da subjetividade.

É importante destacar como o conceito de pulsão de morte foi constituído desde 1915, no ensaio "As pulsões e seus destinos", no qual Freud formulou uma novidade teórica. Com efeito, a força pulsional, como "exigência de trabalho imposta ao psiquismo em função de sua inserção no corporal", passou a ser concebida como autônoma em relação ao registro da representação. Desta maneira, se o *circuito* pulsional implicava na articulação entre a força e seus representantes (afetivo e ideativo), conjugados com os objetos de satisfação, mediada pelo prazer, o que Freud indicava agora é que tal circuito teria que ser constituído sempre pelo outro e pela mediação da pulsão de vida. Portanto, a representação, como emergência que seria dos registros da visibilidade e da especularidade, não seria mais um atributo intrínseco à pulsão e ao organismo, conforme enunciara Freud nos *Três ensaios sobre a teoria da sexualidade*, mas algo a ser constituído pelo outro, enquanto representante de *Eros*. Seria este, enfim, que constituiria a ordem da vida, a qual estaria insistentemente permeada pela irrupção impactante de *Tanatos*.

Portanto, esse descentramento colocou em questão o atributo da representação, por sua vez, não mais intrínseca à ordem da vida. Esta seria atravessada agora pela morte, como potência insistente de discórdia, desarticulando sempre a ordem da vida e exigindo que esta se reconstituísse permanentemente face às transgressões promovidas pela discórdia. Se a representação é uma produção de *Eros*, a pulsão de morte visaria sempre desconstruir as representações estabelecidas, exigindo novas ligações e a produção de outras representações psíquicas. Freud se valeu aqui de Schopenhauer para dizer que, anteriormente à hegemonia do princípio do prazer, o psiquismo se regularia originariamente pelo princípio do Nirvana, sendo necessária a incidência insistente de *Eros*, para que o prazer se instituísse finalmente como princípio regulador da vida. Digo isso porque *Tanatos* insiste também em transgredir a ordem da vida e o registro da representação, exigindo sempre a produção de novas ligações e outras representações psíquicas.

Pode-se depreender disso que enunciar que o último descentramento formulado por Freud se refere à pulsão, na qual a representação se acoplaria apenas num segundo tempo aos imperativos daquela, implica em conceber o psiquismo como sendo movido por um confronto interminável de forças. Entre o amor e a discórdia uma *guerra* permanente insiste em ser instituída no psiquismo, de maneira que representar como se processa esta guerra não é mais uma possibilidade fácil para a subjetividade. Nem tampouco decisiva. Não é um acaso, certamente, que nesse contexto de seu pensamento, Freud enunciou que tanto o funcionamento psíquico como a experiência psicanalítica poderiam ser formulados, com a metáfora da guerra. Por isso mesmo, não se poderia mais saber com antecipação qual seria o desdobramento de tal embate. Foi justamente para falar dessa imprevisibilidade que Freud desenvolveu num ensaio tardio, de 1937, denominado de *Análise terminável e interminável*, uma leitura trágica da subjetividade.

É claro que a psicanálise espera continuamente impor ao psiquismo o triunfo do dizer, nesta guerra sempre recomeçada entre *Tanatos* e *Eros*. É esta a sua aposta ética, para que o circuito pulsional se ordene eroticamente e o princípio do prazer possa sobrepujar o princípio do Nirvana. Contudo, nesta nova formulação o inconsciente como registro mental se constituiria apenas em derivação, com a ordenação do circuito pulsional, no qual o representar poderia fundar aquele registro como um dos destinos da força pulsional.

As ressonâncias filosóficas desse terceiro descentramento foram diversas. Lacan aproximou a pulsão de morte do conceito de vontade de destruição de Schopenhauer, assim como a *compulsão de repetição*, articulada desde Freud com a pulsão de morte, com a célebre leitura filosófica de Kierkgaard sobre a repetição. Porém, não se restringiu a isso. A ênfase atribuída ao registro do *real*, em oposição aos registros do *imaginário* e do *simbólico*, que passou a dominar as últimas formulações de Lacan, indica claramente os limites do registro da representação no psiquismo. Em decorrência disso, Lacan não acredita mais aqui, como foi o caso anteriormente, no filosofema de Hegel de que o real é racional, justamente porque o simbólico não teria mais agora a potência insofismável de transformar inteiramente o real. Um *resto* seria sempre produzido, como algo nunca absorvível pelo registro simbólico.

A leitura de Foucault sobre o advento da hermenêutica na modernidade, no lugar da semiologia da Idade Clássica, vai na mesma direção do último descentramento formulado por Freud. Com efeito, a idéia de confronto de forças é a que preside a sua aproximação teórica entre Marx, Nietzsche e Freud, na medida em que seria aquele que regularia o deslizamento infinito da linguagem. Se Marx privilegiou a luta de classes e Nietzsche a produção de verdade como resultantes do confronto de forças, a pulsão de morte como discórdia seria agora imanente no escoamento insistente da linguagem, que não teria mais uma origem absoluta para se imobilizar, na sua vacilante mas infinita possibilidade de dizer.

Rosset realiza uma leitura de Freud que vai também nessa direção. Aproximando agora Freud não apenas de Nietzsche e Marx, na constituição da hermenêutica, mas também de Schopenhauer, Rosset inscreve a psicanálise no campo da *filosofia trágica*. A pulsão de morte, como potência da discórdia, em oposição à pulsão de vida, seria o signo mais eloqüente da inscrição do discurso freudiano no registro do trágico.

Da mesma forma, Deleuze enfatizou o lugar do conceito de pulsão de morte no campo da *filosofia da diferença*, que seria uma crítica ao estruturalismo. Com efeito, para se distinguir de Lacan, ele enunciou que seria preciso diferenciar os conceitos do instinto de morte e de pulsão de morte, para sublinhar como em Freud este novo conceito não teria qualquer fundamentação na ordem da linguagem, como ainda supunha Lacan. Ao enfatizar isso Deleuze destaca, como Foucault e Rosset, a dimensão de confronto de forças que fundaria tal conceito. Seria por esse viés que se poderia diferenciar os conceitos de *repetição do mesmo* e de *repetição diferencial*, no campo de uma filosofia da diferença.

Portanto, a radicalização da idéia de descentramento do sujeito se desdobrou na relativização da categoria de representação, de maneira que agora seria o confronto de forças o que regularia o psiquismo na guerra insistente entre o amor e a discórdia. A subjetividade se delineia agora num estilo trágico. Com isso, a desconstrução do *cogito* cartesiano se realizou em três direções diferentes — da consciência ao inconsciente, do eu para outro e da representação à pulsão —, solapando os pressupostos da filosofia do sujeito. Com isso, o discurso freudiano passou a se inserir no campo da filosofia trágica e da filosofia da diferença, incluindo-se também como instrumento teórico nos campos da arqueologia, da genealogia e da estética da existência formulados por Foucault.

Com a formulação final sobre o descentramento, que se dirigia agora da representação para a pulsão, Freud foi sendo progressivamente aproximado das filosofias de Nietzsche, Marx, Schopenhauer e Spinoza, distanciando-se das referências à Hegel, à fenomenologia, ao existencialismo e ao estruturalismo, como se passava ainda quando a ênfase na leitura de seu pensamento focalizava os descentramentos iniciais. Portanto, com todos esses desdobramentos, considerando as problemáticas teóricas que constituiu, o discurso freudiano delineou um campo de interlocução com a filosofia, colocando para esta questões novas que veio a desenvolver, pela incidência que sofreu da psicanálise. Enfim, o discurso freudiano acabou por incorporar também alguns dos enunciados críticos formulados pela filosofia, não obstante as reticências de Freud face a esta.

Leituras recomendadas

Birman, J. *Freud e a interpretação psicanalítica*. Rio de Janeiro, Relume Dumará, 1991.

______ *Psicanálise, Ciência e Cultura*. Rio de Janeiro, Jorge Zahar,1994.

______ *Entre cuidado e saber de si*. Rio de Janeiro, Relume Dumará, 2000, 2ª edição.

Deleuze, G. *Diferença e repetição*. Rio de Janeiro, Graal, 1968.

Derrida, J. *Mal de Arquivo*. Rio de Janeiro, Relume Dumará, 2001.

Foucault, M. *As palavras e as coisas*. Lisboa, Portugália, 1968.

Freud, S. *A interpretação dos sonhos*. In: *Edição Standard Brasileira das Obras Psicológicas Completas de Sigmund Freud*. Vols. IV e V. Rio de Janeiro, Imago, 1975.

______ *Três ensaios sobre a teoria da sexualidade*. In: *Edição Standard Brasileira das Obras Psicológicas Completas de Sigmund Freud*. Vol. VII. Rio de Janeiro, Imago, 1975.

______ *Metapsicologia*. In: *Edição Standard Brasileira das Obras Psicológicas Completas de Sigmund Freud*. Vol. XIV. Rio de Janeiro, Imago, 1975.

______ *Conferências introdutórias à psicanálise*. In: *Edição Standard Brasileira das Obras Psicológicas Completas de Sigmund Freud*. Vols. XV e XVI. Rio de Janeiro, Imago, 1975.

______ *Novas Conferências Introdutórias à psicanálise*. In: *Edição Standard Brasileira das Obras Psicológicas Completas de Sigmund Freud*. Vol. XXII.

Gay, P. *Freud. Uma vida para o nosso tempo*. São Paulo, Companhia das Letras, 1989.

Lacan, J. "O estádio do espelho como formador da função do eu". In: Lacan, J. *Escritos*. Rio de Janeiro, Jorge Zahar, 1998.

______ "Função e campo da fala e da linguagem em psicanálise". In: Lacan, J. *Escritos*. Rio de Janeiro, Jorge Zahar, 1998

Roudinesco, E. e Plon, M., *Dicionário de Psicanálise*. Rio de Janeiro, Jorge Zahar, 1999.

Sobre o autor

Joel Birman é professor titular do Instituto de Psicologia da UFRJ e professor adjunto do Instituto de Medicina Social da Uerj. Psicanalista, cursou mestrado em Filosofia (PUC-RJ, 1976), doutorado em Filosofia (USP, 1984) e pós-doutorado em Psicanálise (Paris VII, 1996). Publicou diversos livros, dentre os quais: *Freud e a interpretação psicanalítica* (Relume Dumará, 1989); *Ensaios de teoria psicanalítica* (Jorge Zahar, 1992), *Psicanálise, ciência e cultura* (Jorge Zahar, 1993), *Por uma estilística da existência* (Ed. 34, 1996), *Estilo e Modernidade em psicanálise* (Ed. 34, 1997), *Cartografias do feminino* (Ed. 34, 1999), *Mal-estar na atualidade* (Civilização Brasileira, 1999), *Entre o cuidado e saber de si* (Relume Dumará, 2000) e *Gramáticas do erotismo* (Civilização Brasileira, 2001).

Coleção **PASSO-A-PASSO**

Volumes recentes:

CIÊNCIAS SOCIAIS PASSO-A-PASSO

O negócio do social [40], Joana Angélica Barbosa Garcia

Origens da linguagem [41], Bruna Franchetto e Yonne Leite

Antropologia da criança [57], Clarice Cohn

Patrimônio histórico e cultural [66], Pedro Paulo Funari e Sandra de Cássia Araújo Pelegrini

Antropologia e imagem [68], Andréa Barbosa e Edgar T. da Cunha

Antropologia da política [79], Karina Kuschnir

Sociabilidade urbana [80], Heitor Frúgoli Jr.

Pesquisando em arquivos [82], Celso Castro

Cinema, televisão e história [86], Mônica Almeida Kornis

FILOSOFIA PASSO-A-PASSO

Estética [63], Kathrin H. Rosenfield

Filosofia da natureza [67], Márcia Gonçalves

Hume [69], Leonardo S. Porto

Hannah Arendt [73], Adriano Correia

Schelling [74], Leonardo Alves Vieira

Niilismo [77], Rossano Pecoraro

Kierkegaard [78], Jorge Miranda de Almeida e Alvaro L.M. Valls

Filosofia da biologia [81], Karla Chediak

Ontologia [83], Susana de Castro

John Stuart Mill & a liberdade [84], Mauro Cardoso Simões

Filosofia da história [88], Rossano Pecoraro

Teoria do conhecimento [91], Alberto Oliva

PSICANÁLISE PASSO-A-PASSO

Psicanálise com crianças [75], Teresinha Costa

Feminino/masculino [76], Maria Cristina Poli

Cinema, imagem e psicanálise [85], Tania Rivera

Trauma [87], Ana Maria Rudge

Édipo [89], Teresinha Costa

A psicose [90], Andréa M.C. Guerra

A angústia [92], Sonia Leite

Educação e psicanálise [93], Rinaldo Voltolini

Os outros em Lacan [94], Antonio Quinet

A paixão [95], Marcus André Vieira

Histeria: o caso Dora [96], Nadiá Paulo Ferreira e Marcus Alexandre Motta